外資系投資銀行の資料作成ルール66

熊野 整
Hitoshi Kumano

はじめに

　モルガン・スタンレーやゴールドマン・サックスといった外資系投資銀行の仕事は、一般的にはあまり知られていません。投資銀行は、よくニュースで出てくるような数千億円、時には数兆円という規模のM&A（企業の合併・買収）の助言（アドバイザリー）や資金調達のアレンジを行います。

　このようなアドバイザリー業務は、エクセルとパワーポイントを用いた資料によるプレゼンによって行われます。

　そのため、投資銀行は資料作成に大変なこだわりがあります。100ページを超える資料には、膨大な表やグラフがあり、計算ミスはもちろん許されません。提案資料の色使いにも細かい気配りがあり、これが顧客の信頼につながります。バンカーと呼ばれている投資銀行マンは、1日の多くの時間をエクセルとパワーポイントによる資料作成に費やし、そのスピードと質は他業界を圧倒するものがあります。

　私は大学卒業後、モルガン・スタンレー証券に入社しました。特に入社から3年間は、朝から夜中まで、エクセルやパワーポイントで資料を作成する日々が続きました。先輩からスピーディかつ正確な資料作成ノウハウを基礎から徹底的に叩き込まれました。

　そのあと、私はインターネット業界に転職したのですが、転職後に気づいたのは、いわゆる「我流」で資料を作成している人がほとんどで、その結果、作業効率は悪く、ミスが発生するきっかけにもなっていたということです。

- 思いつきで作るために、とても見づらいエクセル
- 何を伝えたいのかわからないグラフ
- たくさん色を使いすぎて、チカチカして見にくいパワーポイント
- 作業効率を意識せず、ムダに時間がかかってしまう資料作成

　投資銀行では、資料作成における「ルール」が明確に存在します。このルールに従って資料を作成することで、効率的でミスの少ない資料を作り出すことができるのです。

　私はそのルールを多くの人に伝えるべく、2013年からセミナー「エクセルで学ぶビジネス・シミュレーション」を開催することにしました。平日夜、週末に開催し、参加者数は1年で3,000名を超え、東京だけではなく大阪、名古屋、福岡、仙台、札幌、シンガポール、台北で開催するまでになりました。

　さらにセミナーを続けていくうちに、参加者が勤務先の人事に「ぜひウチの会社でこのやり方を広めましょう」と掛け合ってくれ、企業研修も手掛けるようになりました。コンサルティングファームや大手総合商社、大手広告代理店、大手通信企業など、有名企業からの研修依頼も多く、優秀なビジネスパーソンほど、より良い資料を作成したいと望んでいることに気づきました。

　そして、より多くの人に投資銀行のルールを知っていただくために、2015年2月に、『外資系投資銀行のエクセル仕事術』（ダイヤモンド社）を出版しました。出版して1週間たつころには、Amazonランキング1位（総合、ビジネス・経済書）を獲得し、2015年のエクセルブームをけん引する書籍となりました。

　その書籍では、エクセルに特化し、(1) 見やすいエクセルとは何か、(2) 計算ミスをしないコツ、(3) ショートカットキー、について解説しました。

　書籍の発売後、読者のみなさまからもっとも多かったリクエストが、「エクセル表だけではなく、グラフについても知りたい」「パワーポイントについても解説してほしい」というものでした。

3

それらのリクエストにお応えし、2冊目となる本書籍では、

Part1　見やすい表のルール
Part2　数字を魅せるグラフのルール
Part3　効果的なプレゼン資料のルール

という資料作成ルール、そして

応用編　資料作りのスピードアップテクニック9

を加えた4パートで構成されています。

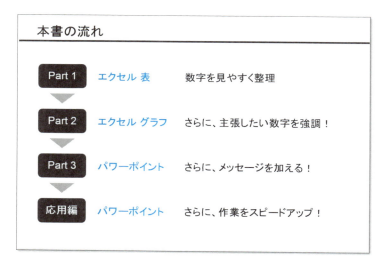

まさに、会社やチームで共有し、徹底していただきたい「資料作成の基本ルールブック」です。

この書籍を通じて、「資料がわかりやすくなった」「チーム間のコミュニケーションが円滑になった」と感じていただければ大変うれしいです。

なお、本書籍ではMicrosoft® Excel® 2013およびMicrosoft® PowerPoint® 2013で解説しています。また、Windows® PCを前提に書いています。MacintoshはWindowsと使い方がやや異なるので、ご注意ください。

■ 投資銀行の資料とは

　一言で資料作成といっても、その資料のタイプは様々です。業界によっても大きく異なります。投資銀行の資料の特徴は以下２つです。

（１）数字を使った資料

　投資銀行が顧客に提案する内容といえば、

- M&Aプロジェクトにおける、買収金額の算出
- 株式上場時の株価の計算

など、数字によって説明できるものが多いです。投資銀行は、これらの数字をどのように顧客に見せると納得してもらえるかという点にこだわるわけです。

　逆にいうと、きらびやかなチャート図を駆使して、「貴社が上場すれば、とても高い株価が期待できます」といった定量的な根拠のない資料を作ろうものなら、すぐに上司から却下されてしまいます。

（２）シンプルで見やすい資料

　投資銀行が提案するものは、あくまで「顧客にとって価値のある提案」でなければなりません。
　そのため、ファッション雑誌のような美しさよりも、シンプルで見やすく、伝えるべきポイントをしっかり伝えられているかが重要になります。
　また、投資銀行の資料はとても分厚く、100ページを超える提案書もざらにあります。顧客にとって価値のない「資料の派手さ」にこだわっていると時間が足りません。より効率的に資料を作成するためには、ムダな時間をかけず、最低限の時間で最大のメッセージを伝えられるかがポイントです。

　以上より、本書では「数字」「シンプルで見やすい資料」に重点を置いて解説します。

　具体的には、まずはPart 1にてエクセルの基本である「数字が整理された、見やすい表」の作成方法について解説し、さらにPart 2では、その整理された数字の中から、主張したい数字を強調するためのグラフ作成について説明します。

　そして後半はパワーポイントです。Part 3では、グラフとメッセージを組み合わせることで、訴求力の高いプレゼン資料作成について説明します。最後の応用編では、プレゼン資料をスピーディに作成するためのコツを解説します。

この４つのパートを通じて、数字をしっかり活用し、シンプルで見やすく、そしてスピーディな資料作成ができるようになることを目指します。

CONTENTS
もくじ

2　はじめに

Part 1　エクセルの基礎をしっかりマスター！
見やすい表のルール

16　RULE 1 >> 行の高さは18に統一

18　RULE 2 >> 罫線は横だけ！縦線はNG！

20　RULE 3 >> 作業後は、グレーの枠線を消す

22　RULE 4 >> フォントはArial、カジュアル派はメイリオ

24　RULE 5 >> 文字は左ぞろえ、数字は右ぞろえ

26　RULE 6 >> 人数、金額……単位は一列に

28　RULE 7 >> ベタ打ち数字は青、計算式は黒数字

30　RULE 8 >> 薄い背景色で表にメリハリ

32　RULE 9 >> シマシマ背景色で表を見やすく

34　RULE 10 >> 項目が多い方を縦軸に配置

36　RULE 11 >> 長い文章は改行して収める

38　RULE 12 >> シートの順番は、計算の順番に合わせる

40　RULE 13 >> 強調項目は縦二重線で

42　RULE 14 >> コピペ① 数字だけコピペ「値貼り付け」

44　RULE 15 >> コピペ② 表の見た目そろえる「書式貼り付け」

46　RULE 16 >> コピペ③ 計算式の再利用は「数式貼り付け」

48　RULE 17 >> コピペ④ 数字の桁は「除算貼り付け」で減らす

50　RULE 18 >> コピペ⑤ 縦横を逆にする「行列入れ替え」

見せ方次第でビジネスの成功を左右する！

Part2 魅せるグラフルール

58	**RULE 19** >> 伝えたいことを最初に明確化
60	**RULE 20** >> グラフは要点のみ、「ミニマリズム」で
62	**RULE 21** >> 折れ線グラフは、オレンジ主役
64	**RULE 22** >> 脇役カラーは、寒色かモノクロ
66	**RULE 23** >> 凡例不要！データの名前は線の右
68	**RULE 24** >> 単位は、縦軸の左上に置く
70	**RULE 25** >> 項目名① 重複表記はまとめる
72	**RULE 26** >> 項目名② 横軸の項目名は、改行を活用
74	**RULE 27** >> 目盛線① グラフの目盛線は3〜4本に
76	**RULE 28** >> 目盛線② 境界線は、250、500、1000
78	**RULE 29** >> 成長性の強調は、折れ線グラフ
80	**RULE 30** >> 競合との差をごまかすなら、縦棒グラフ
82	**RULE 31** >> 将来性アピールなら、点線で
84	**RULE 32** >> シェアを強調するなら、円グラフ
86	**RULE 33** >> 微妙な差なら、円グラフは使わない
88	**RULE 34** >> 成長要因の説明は、積み上げ縦棒グラフ
90	**RULE 35** >> 業界シェアの推移は、100%積み上げ縦棒グラフ
92	**RULE 36** >> 大きなトレンド変化は、面グラフ
94	**RULE 37** >> 項目数が多いときは、くるっと横棒グラフ

7

Part**3** シンプルなのに説得力大！
伝わるプレゼン資料ルール

102 RULE 38 >> 構成① 構成は大きく4つ

104 RULE 39 >> 構成② サマリーで最初に結論

106 RULE 40 >> 構成③ 目次は繰り返し挿入

108 RULE 41 >> 構成④ 本編は、1ページ1メッセージ！

110 RULE 42 >> 構成⑤ 補足資料は、立つほど大量に

112 RULE 43 >> 背景色① ベース＆アクセントカラーを決める

114 RULE 44 >> 背景色② グレー背景色でまとまりを

116 RULE 45 >> フォント① サイズは18、24、30！

118 RULE 46 >> フォント② 強調数字は1サイズUP

120 RULE 47 >> フォント③ 数字は色でインパクト

122 RULE 48 >> フォント④ 項目名は、黒文字NG！

124 RULE 49 >> 図形① 矢印プラスで成長アピール

126 RULE 50 >> 図形② 見てほしいのは円でぐるり

128 RULE 51 >> 図形③ 図形よりテキストボックス

130 RULE 52 >> 図形④ 左右、高さをきっちりそろえる

132 RULE 53 >> 図形⑤ 並びチェックはグリッド線で

134 RULE 54 >> 図形⑥ 「配置とサイズ」で統一感

136 RULE 55 >> 図形⑦ 図形はきっちり等間隔に

138 RULE 56 >> 文章① 文章は1行にまとめる

140 RULE 57 >> 文章② 言葉の切れ目が改行ポイント

142 RULE 58 >> 文章③ 日本語なら縦書き活用

144 RULE 59 >> 文章④ 見やすい行間は、1.5行

146 RULE 60 >> 文章⑤ グレー線で文章を区切る

148	RULE 61	>>	文章⑥ 注意書きは、ひっそりと
150	RULE 62	>>	エクセル挿入① グラフは「画像」貼り付け
152	RULE 63	>>	エクセル挿入② 画像の縦横比はキープ
154	RULE 64	>>	画像を使って印象度UP
156	RULE 65	>>	Tabキー1つで文字を整列！
158	RULE 66	>>	ロゴを使ってキャッチーに

応用編 資料作りの スピードアップテクニック9

162	TECHNIQUE 1	>>	ショートカット① Altキーで図形をそろえる
164	TECHNIQUE 2	>>	ショートカット② 繰り返し作業はF4で
166	TECHNIQUE 3	>>	書式コピーは「はけ」マークで
168	TECHNIQUE 4	>>	細かい修正は画面ズーム
169	TECHNIQUE 5	>>	表記の統一は「置換」で一発
172	TECHNIQUE 6	>>	下準備はホワイトボード
173	TECHNIQUE 7	>>	修正書き込みは、A3印刷で
174	TECHNIQUE 8	>>	プレゼン配布資料は、 2スライドを1枚に
176	TECHNIQUE 9	>>	データの参照元 フォルダは常に記載
180	おわりに		

本書で使っているエクセル、パワーポイントのファイル（一部）はダウンロードできます！

エクセルセミナー .jp
http://excel-seminar.jp/

Part 1

エクセルの基本を
しっかりマスター!

見やすい表のルール

INTRODUCTION

見やすいエクセル表のルール

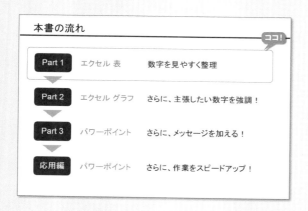

エクセルの基本は見やすいエクセル表作り

　エクセル表において、まず意識すべきことは見やすさです。私のエクセル研修セミナーでは、最初の1時間は見やすいエクセル表の作り方について徹底的にレクチャーします。

　見やすいエクセル表は、良いことだらけです。

　第一に、エクセル表が見やすければ、表を読み解くのに要する時間が大幅に短縮できます。複雑でわかりにくいエクセル表は、どれだけ時間をかけても理解できず、大変ストレスがたまります。多くのビジネスパーソンがエクセルを苦手と感じている理由の一つが、そのエクセル表自体が見にくいという問題を抱えているためです。

さらに、見やすさの改善によって、エクセル表を理解するスピードが向上すれば、今度はエクセルの本質的な仕事、すなわち細かい分析や計算チェックに時間を費やすことができます。つまり、見やすいエクセル表を作成することは、エクセルの分析スキルの向上、計算ミスの減少につながるわけです。

投資銀行は、エクセルの見た目、つまりフォーマットに徹底的にこだわります。一つ計算をするたびにフォーマットを直していきます。横から見ていると、「なぜいちいちフォーマットを直すのか？ まとめて計算してから、最後にフォーマットを整えればいいじゃないか」と思うかもしれません。しかし、それでは見にくい表のままで計算を続けることになるため、その結果、計算ミスが増えてしまうリスクがあるわけです。常にエクセルを見やすい状態を維持しながら計算を進めていく、これが投資銀行流です。

エクセルの表は、いやというほど多くの数字が並んでいます。読み解くのも苦痛です。だからこそ、見やすく、すっきりした表にこだわらなければ、いつまでたっても理解スピードは向上しませんし、ストレスも減りませんし、そして何よりも計算ミスを減らすことはできません。

INTRODUCTION

「見やすいエクセル表」への第一歩は、フォーマットのルール化

　見やすいエクセル表とは、一言でいえば「普段から見慣れている表」です。逆にいえば、あなたがチームメンバーのエクセル表を見にくいと感じる理由は、あなたとチームメンバーの「見慣れている表」が異なるからです。

　エクセル表というのは、自分だけ理解できても意味がありません。ビジネスの現場では、多くの場合、他のメンバーとエクセルを共有します。その際に、「あいつの作るエクセルは見にくいな」とメンバー同士が感じていると、知らず知らずのうちにチームメンバー全員がエクセルを苦手と感じてしまいます。

　つまり、メンバーそれぞれが独りよがりのエクセル表を作っていては、いつまでたってもエクセルスキルは向上しないのです。

　この問題を解決するには、チーム全体でエクセル表のフォーマットのルールを共通化することです。投資銀行ではエクセル表のルールが細かく決められていて、世界中の社員が、そのルールに従います。少しでもルールと異なるフォーマットで資料を作ろうものなら、すぐに上司から直せと指示が飛んできます。入社1年目、2年目の新入社員は「フォーマットのズレくらい、いいじゃないか」と内心文句を言いながら夜中まで資料を作成しますが、そんな彼らも入社4年目くらいになると、ルールに反したフォーマットの資料を見るとイライラしてしまうものです。

　そこで本書では、投資銀行で一般的に使用されているフォーマットのルールをご紹介します。

　このフォーマットは、投資銀行業界でよく使われているフォーマットに、筆者なりの修正を加えたもので、特定の投資銀行のフォーマットではありません。

Part 1 見やすい表のルール

悪い例

	A	B	C	D	E	F	G
1	収益計画						
2				1月	2月	3月	
3	売上		千円	1500	1800	2100	
4		客単価	円	3000	3000	3000	
5		客数	人	500	600	700	
6	費用		千円	800	800	800	
7		人件費	千円	500	500	500	
8		賃借料	千円	300	300	300	
9	利益		千円	700	1000	1300	

良い例

	A	B	C	D	E	F	G	H
1								
2	収益計画							
3					1月	2月	3月	
4	売上			千円	1,500	1,800	2,100	
5		客単価		円	3,000	3,000	3,000	
6		客数		人	500	600	700	
7	費用			千円	800	800	800	
8		人件費		千円	500	500	500	
9		賃借料		千円	300	300	300	
10	利益			千円	700	1,000	1,300	

15

RULE 1
行の高さは18に統一

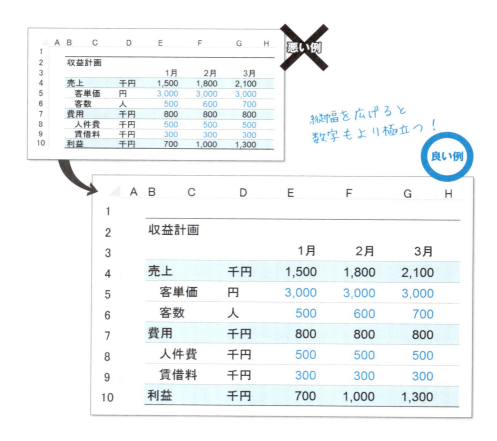

　エクセルのデフォルト（初期値）の行の高さ（縦幅）は一般的に「13.5」です。この高さのまま表を作ると、行間に余裕がなく、詰まった感じになります。
　そこで、ここで紹介しているフォーマットでは、行の高さを「18」にします。**「13.5」から「18」に変えるだけで、文字の上下にゆとりができて、文字が見やすくなるとともに、洗練された印象の表になります。**

STEP 行の高さの変更方法

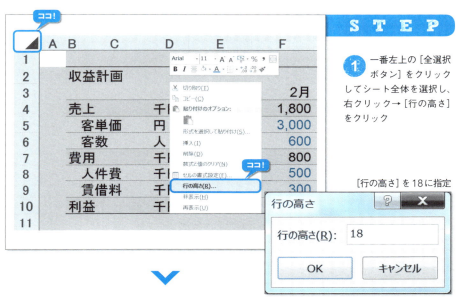

1. 一番左上の[全選択ボタン]をクリックしてシート全体を選択し、右クリック→[行の高さ]をクリック

[行の高さ]を18に指定

2. これで完成

RULE 2
罫線は横だけ!
縦線はNG!

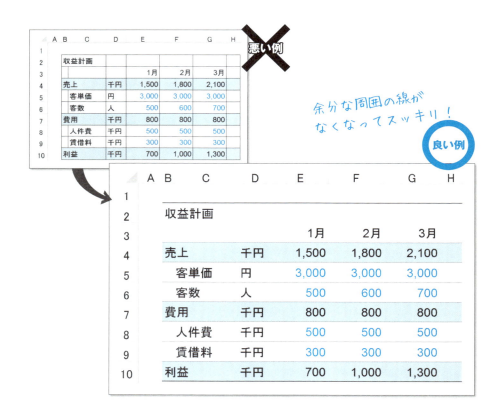

　エクセルで表を作ると、つい罫線ですべてを囲ってしまいがちです。しかし、線の引き方一つで、表の印象はずいぶん変わります。私のいた外資系投資銀行では、罫線は最低限の横線を控えめに入れる程度。それでも表がずいぶん見やすくすっきりしているのがわかると思います。

　線をできるだけ減らし、さらに細い線を使うことで、すっきりした表にしましょう。

STEP いらない罫線の消し方

1 表全体を選択して、右クリック→［セルの書式設定］

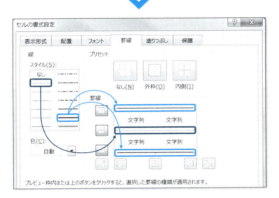

2 ［罫線］タブをクリック。上下線は太い線（━）、中線は細い線（━）を選択する。線を設定するには、まず、画面左から引きたい線を選んでクリック、画面右の引きたい場所を選んで、もう一度クリックする

＋PLUS 1

表に縦線は必要ない！

縦線がなくても表が見やすいのは、RULE5で「文字は左ぞろえ、数字は右ぞろえ」にしているためです。

しっかりと文字・数字をそろえておけば、縦線を引く必要はありません。

縦がそろっているので、縦線を引く必要がない！

RULE 3
作業後は、グレーの枠線を消す

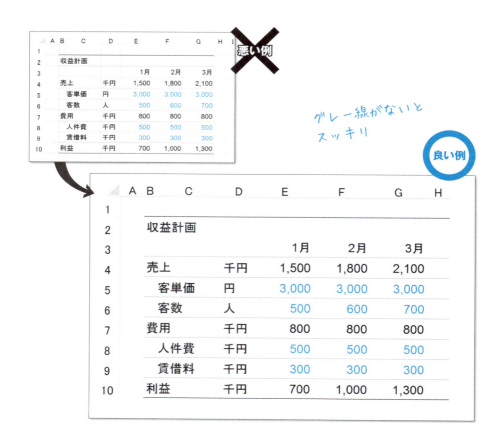

　表の見やすさを左右する要素として、セルの枠線があります。セルの枠線とは、セルの周囲に表示されているグレーの線のことです。この**線を非表示にすると、数字が際立って見えます。エクセルで大事なのは、表を作ることよりもその数字やデータの内容**。そこに集中しやすくしてくれる一技です。

STEP 背景のグレー枠線の消し方

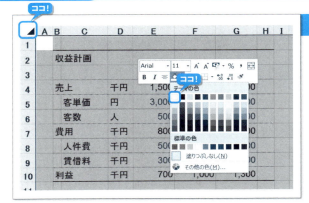

1 一番左上をクリックしてシート全体を選択し、右クリック→背景色を白に塗りつぶす

2 これで完成

+PLUS 1

枠線を消すもう一つの方法

　枠線を消す方法は、もう一つあります。

　[表示] タブ→ [枠線] のチェックボックスをオフにすると、枠線を消すことができます。

　この方法でもかまいませんが、私は先ほどの「背景色を白」という方法を使っています。理由は単純で、普段よく使っている機能を使いまわすほうがラクだからです。

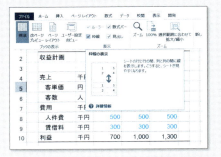

21

RULE 4
フォントはArial、カジュアル派はメイリオ

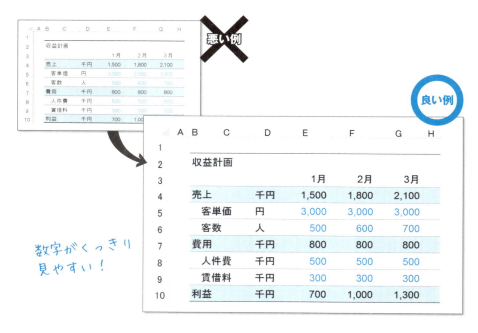

　エクセルの標準フォント「MS Pゴシック」は、半角英数字のキメが粗く、見にくい印象（次ページ参照）。
　そこで、**線のキメが細かく、線の太さも均一で見やすい「Arial」に統一しましょう。**
　なかには、「Times New Roman」を使う方もいますが、このフォントはきらびやかで、フォーマルな書類には向いていますが、線の太さも統一されていないため、通常の資料で使うには少し見にくい印象です。
　最近は、「メイリオ」を使う方も多くいますね。「メイリオ」も「Arial」と同じく見やすいフォントですが、少しカジュアルな印象なので、日本の大手メーカーや銀行など比較的きっちりした業界では、避けたほうがよさそうです。

STEP フォントの変更方法

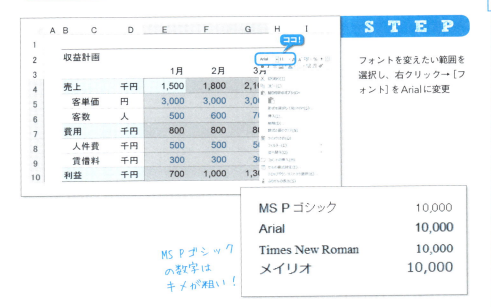

フォントを変えたい範囲を選択し、右クリック→[フォント]をArialに変更

MS Pゴシックの数字はキメが粗い！

＋PLUS 1
いちいちArialに変更するのが面倒なら……

一回一回フォントを変えるのが面倒な場合、基本の設定自体を変えることもできます。[ファイル]→[オプション]→[基本設定]→[次を規定フォントとして使用]を、Arialに設定します。こうすると、シートを立ち上げると最初からArialフォントになります。

RULE 5
文字は左ぞろえ、数字は右ぞろえ

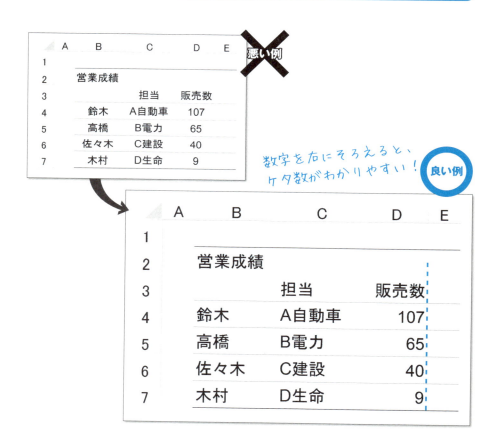

　文字は左から読むが、数字は右から一、十、百……と桁数を数えて読むものです。ついすべての項目をセルの真ん中にそろえたりしがちですが、文字と数字でそれぞれ適した位置があります。

　そこでセルの中の数字を右にそろえれば、数えやすく、一目で何ケタあるか、すぐに認識できます。

STEP 文字や数字のそろえ方

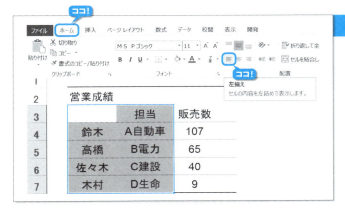

1. 文字の範囲を選択して、[ホーム]→[左揃え]、をクリック

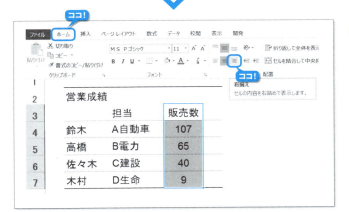

2. 数字の範囲を選択して、[ホーム]→[右揃え]、をクリック

➕PLUS 1
数字を使う項目は、表の右側にまとめる

文字と数字が交ざってしまうと、表が見にくくなってしまうので注意が必要です。

左にそろえる文字の項目と、右にそろえる数字の項目は、できるだけまとめてしまいましょう。

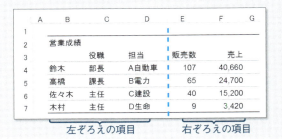

人数、金額……単位は一列に

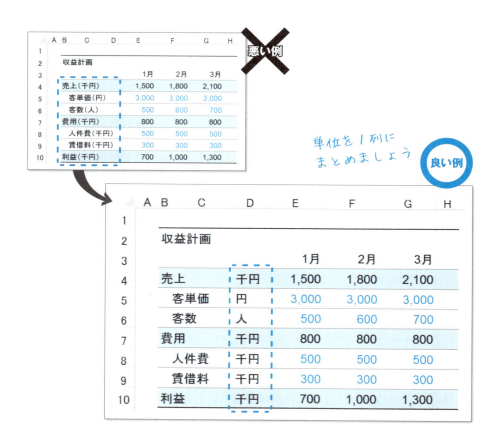

　表に様々な単位が交ざる場合、単位をしっかり記載しないと、正しく数字を理解できないことがあります。よくあるのは、「売上（千円）」といったかっこを使った表記。これでは、項目と単位が1枠に収まり、見づらくなります。そんなとき、**単位だけ1列にまとめて記載すると、数字を読み取りやすくなります。**

✛PLUS 1
単位の表記いろいろ

悪い例 ✕

	A B	C	D	E	F	G	H
1							
2	収益計画						
3				1月	2月	3月	
4	売上		千円	1,500	1,800	2,100	
5	商品A		千円	1,000	1,200	1,500	
6	商品B		千円	500	600	600	
7	費用		千円	800	800	800	
8	人件費		千円	500	500	500	
9	賃借料		千円	300	300	300	
10	利益		千円	700	1,000	1,300	

良い例

	A B	C	D	E	F	G
2	収益計画					
3	千円					
4			1月	2月	3月	
5	売上		1,500	1,800	2,100	
6	商品A		1,000	1,200	1,500	
7	商品B		500	600	600	
8	費用		800	800	800	
9	人件費		500	500	500	
10	賃借料		300	300	300	
11	利益		700	1,000	1,300	

CASE 1
表内の単位が1種類のとき

すべての項目の単位が同じ場合には、表のタイトルの下に単位を記載しましょう。単位が乱立していない場合は、こちらのほうがすっきりします。

良い例

	A	B	C	D	E
1					
2		営業成績			
3			販売数	売上	
4			個	円	
5		鈴木	107	40,660	
6		高橋	65	24,700	
7		佐々木	40	15,200	
8		木村	9	3,420	

CASE 2
単位を横軸に入れたいとき

また、横軸に単位を入れる場合には、単位用に1行挿入するといいですね。

RULE 7
ベタ打ち数字は青、計算式は黒数字

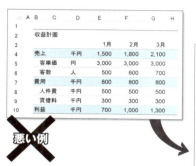

ベタ打ちと計算の数字の色を分けると、計算の流れがわかりやすい

良い例

悪い例

　単純に数字が並んでいるだけのエクセル表は、計算の流れがわかりにくいです。色を使ってメリハリをつければ、計算の流れを理解しやすくなり、計算ミスを防ぐことができます。

　数字の色のルールは以下のとおりですが、特に大切なポイントはベタ打ちの数字を青にするという点です。良い例の表のように、ベタ打ちと計算の数字の色を分けると、計算の流れがわかりやすいですね。

数字の色ルール

ルール①	青：ベタ打ちの数字	例）=40
ルール②	黒：計算式の数字	例）=A1+B3
ルール③	緑：他シートを参照	例）=Sheet3!A1
ルール④	×：ベタ打ちと計算式は交ぜない	例）=40+B3

　また、④ベタ打ちと計算式が交ざると、とてもわかりにくくなるので、「ベタ打ちのセル」と「計算式のセル」にきっちり分けましょう。

STEP 数字の色の変更方法

1 数字を変更したい範囲を選択し、右クリック→［フォントの色］で青を選べばOK

2 完成

+PLUS 1

色変えもショートカットキーで時短テク

数字の色を変えるという作業は、意外と面倒なものです。マウスを使って同じ作業を繰り返すのは苦痛ですが、ショートカットキーを覚えてしまうと、ずいぶんラクになります。

ショートカットキー：

色を変更する際、右クリックするのではなく、キーボードの［Alt］→［H］→［F］→［C］と、続けて打ってみてください。すると、右のとおり数字を変更することができます。［矢印］キーで色を選択し、［Enter］を押せばOKです。

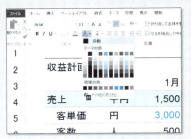

薄い背景色で表にメリハリ

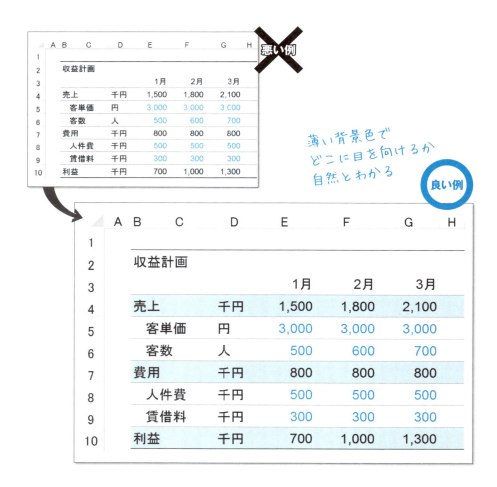

　エクセルの表は、数字が並んでいるだけでは見にくいもの。無味乾燥な白い背景色ではなく、**合計や項目立てなど、重要項目のところには良い例のブルーのように薄い色の背景色をつけることで、メリハリをつけるといい**でしょう。

STEP　薄い背景色のつけ方

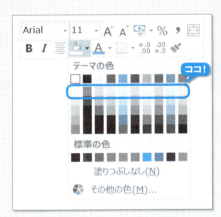

セルを選択し、右クリック
→ [背景色] を選択

➕PLUS 1
背景色のポイント

　背景色は、数字の邪魔にならない薄めがベスト。背景色を濃い色にしてしまうと、数字が見にくくなってしまいます。
　今回はブルーを使いましたが、ほかの色を使ってもOKです。その際には、カラーパレットの色がもっとも薄い列から選ぶといいでしょう。
　また、色の選び方としては、コーポレートカラー（企業のロゴの色など）に合わせた色を使うほうが、資料にまとまりが出ます。参考までに、よく使われるのはブルーやグリーンといった寒色系です。また、強調したい項目の背景色にはピンクやオレンジといった暖色系が使われることが多いようです。ただし、イエローなどハデな色を使うと、数字が見にくくなってしまいますので注意が必要です。また、数字の色は2〜3色にとどめておきましょう。たくさんの色が使われている表は、目移りしてしまい、見やすい表とはいえません。

RULE 9
シマシマ背景色で 表を見やすく

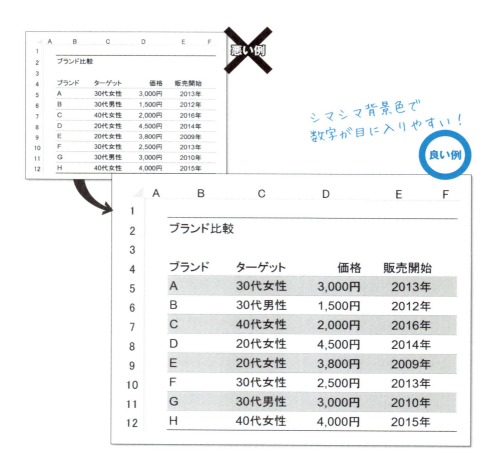

　大きな一覧表を作成するとき、行が多すぎてほかの項目と数字を見間違える可能性があります。そこで、1行おきに薄いグレーの背景色を入れることをオススメします。派手な色で分けるのではなく、**薄いグレーを白と交互に入れておくことで、行ごとに項目が見やすくなります。**

STEP シマシマ背景のつくり方

① 背景色は、もっとも薄いグレーを選択（青で囲んだ部分）

② 次に、ブランドCの行を選択して、[F4キー]を押す。[F4キー]は、「1つ前の作業を繰り返す」ショートカット。これを使えば、いちいち背景色を選択せずにすむ。
そのまま、ブランドE、Gの背景色も変更すると完成

＋PLUS 1

一発でシマシマ設定できる裏ワザ

上記❶❷をいちいち手作業で行うのは面倒……という場合には、RULE15で説明する「書式コピー」を使うことで、すばやく行うことができます。

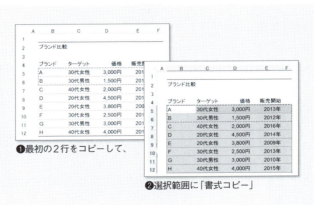

❶最初の2行をコピーして、

❷選択範囲に「書式コピー」

RULE 10
項目が多い方を縦軸に配置

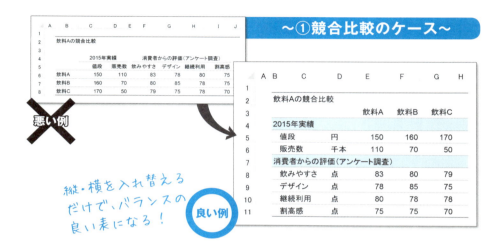

～①競合比較のケース～

悪い例

縦・横を入れ替えるだけで、バランスの良い表になる！

良い例

　表を作成すると、縦軸・横軸にどの項目にすればいいか、悩むことがあります。筆者もよく悩みますし、一度作ったのに縦軸・横軸を入れ替えて表を再作成……ということも少なくありません。

　ただ、多くのケースで言えることは、「**項目が多いほうを縦軸、少ないほうを横軸**」にすると、表が見やすくなる、というルール。

　たとえば、飲料Aの競合比較のアンケート調査をまとめた上の悪い例の表。かなり横長の表になってしまいます。

　これを、縦軸・横軸を入れ替えるだけで良い例のような見違える表に！　まとまっている印象を受けますよね。

　項目（日本語）が横書きされているため、その項目を横に並べると、表が横長になってしまいます。それに対して、項目が多いほうを縦に並べるほうが、よりまとまって見えます。**縦2に対して横3くらいの縦横比の表を目指すようにしましょう。**

～②集計データのケース～

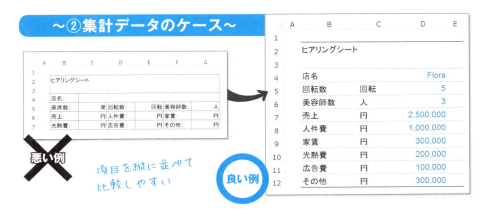

前ページでは営業資料として使うエクセル表について説明しましたが、今度は、集計データ編です。印刷やパワーポイントに貼り付けることのない場合は、とにかく入力・集計しやすいように縦・横を考える必要があります。

その際に、一番頭に入れておきたいことは、「**入力項目は、縦1列にまとめる**」ということです

たとえば、あなたが営業マンで、美容院向けに営業をしているとします。その美容院の経営状況を確認するために、ヒアリングシートを作成したとします。（数値は、印刷した表に書き入れず、直接ノートPCに打ち込むという想定）

やりがちな悪い例を見ると、入力すべき項目が縦・横に散らばっていてわかりにくいですね。この場合は、入力すべき項目をすべて縦に並べましょう。すると良い例のようにすっきり。こうすると、上から順番に項目を入力していけばいいので、入力漏れも防ぎやすくなります。

✚ PLUS 1

1列にまとめると集計もラクラク

上記のように入力項目を1列にまとめると、集計もしやすくなります。

たとえば、費用を合計するときも、右のように簡単にSUM関数で計算することができます。

RULE 11
長い文章は改行して収める

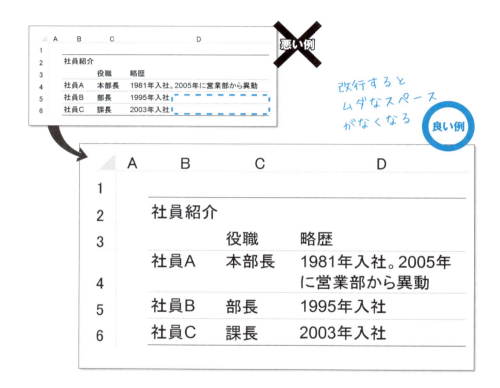

　表をコンパクトにするコツの1つは、「長い文章を改行して、ムダなスペースをなくす」ことです。

　たとえば、悪い例の表の場合、社員Aの列だけ長くなって、青い点線で囲んだ部分のスペースがムダになっています。

　そこで、良い例のように文字を適度なところで改行して列が短くなるように設定をしましょう。すると、ダラダラとした印象がなくなり、まとまりのある表ができます。

STEP　セル内の文章の改行方法

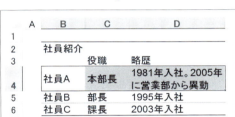

1 まず、改行したいセルを選択して、右クリック→[セルの書式設定]を表示。[配置]タブにある[折り返して全体を表示する]にチェックを入れて、[OK]をクリック

2 改行されたら、さらに、社員Aの行を選択して、右クリック→[セルの書式設定]から、[縦位置]の[上詰め]を選択して[OK]をクリック

Check
この機能の注意点として、実際に印刷してみると文字が切れる場合のあることが挙げられます。必ず一度試し印刷をして、きれいに印刷できているか目視チェックが必要です。

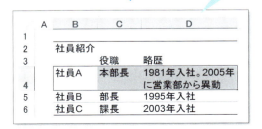

3 すると、社員A、本部長、略歴の上が、きれいにそろう。全体が見やすい印象に

RULE 12
シートの順番は、計算の順番に合わせる

エクセルのシートにまつわるトラブルはたくさん。「シートがたくさんあって見にくい」「どのシートに何があるかわからない」などなど。

エクセルは、シートの構成によって「このエクセルで何が計算されているか」を理解することができます。

逆にいうと、シートの名前表記などがおろそかだと、読み手は「どのシートで何を計算しようとしているのか？」わからず混乱してしまいます。そこで、**次の4つのポイントを知っておくと、シート分けが一気に上手になります。**

POINT 1　シートの名前づけ

Sheet1と書かれていても、読み手は何を意味してるのかわかりません。そこで、一目で理解できる名前をしっかり記載しておきましょう。

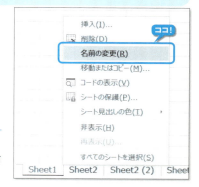

手順
名前を変更するシートの見出し、ここでは[Sheet1]を右クリック→「名前の変更」を選べば、好きな名前をつけることができます

POINT 2　シートの並び順

　シートの順番は、なるべく計算の順番に合わせましょう。

　たとえば、売上→費用→利益。

　計算するのに必要な段階の順番に、シートの順番も合わせると読み手も計算の流れをイメージしやすいです。

計算の順番とシートの順番を合わせる

POINT 3　シートの色分け

　また、「費用」など1つの項目をさらに複数のシートに分けたい場合には、それらを同じ色にしておくと、関連性の強さがわかりやすくなります。

手順

[シート見出し]を右クリック→[シート見出しの色]→色を選択

「費用」を同じ色にまとめる

使っていないシートはグレーに

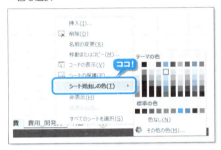

POINT 4　シートの数

　シートがたくさん並んでいるエクセルは、とてもわかりにくく、さらに、シート間の計算は計算ミスが発生しがちです。ですから、(1)同一シートに計算をまとめる、(2)必要のないシートはなるべく削除、という2つを心がけるようにしましょう。

　たとえば、A店舗とB店舗それぞれの売上を計算するときは、別シートにせずに、できるだけ同じシート「売上シート」にまとめることをオススメします。シートの数が少なくなるだけではなく、A店舗、B店舗の売上の比較も容易になります。

似ている計算は、
同じシートにまとめるといい

RULE 13

強調項目は縦二重線で

RULE2では、罫線はできるだけ少なくすることで、表をすっきり見せましょうという説明をしました。さらにここで応用編です。

前回のものに、**罫線を少し追加したり、二重線を上手に活用すると、ポイントを強調することもできます。**

POINT 1　縦二重線で時期を区切る

	A	B	C	D	E	F	G	H
1								
2		収益計画						
3					1月	2月	3月	
4		売上		千円	1,500	1,800	2,100	
5		客単価		円	3,000	3,000	3,000	
6		客数		人	500	600	700	
7		費用		千円	800	800	800	
8		人件費		千円	500	500	500	
9		賃借料		千円	300	300	300	
10		利益		千円	700	1,000	1,300	

たとえば、悪い例のような収益計画表で2月までの実績を報告したい場合。どこまでが実績で、どこからが計画なのか、わかりづらいですよね。良い例のように縦二重線を引くことで、2月までが実績、3月からが計画とはっきり見分けることができます。

悪い例

良い例

収益計画

		1月	2月	3月
		実績←‖→計画		
売上	千円	1,500	1,800	2,100
客単価	円	3,000	3,000	3,000
客数	人	500	600	700
費用	千円	800	800	800

縦二重線で、実績と計画を区切って見やすい

40

POINT 2 罫線で四角く囲って、ポイント強調

収益計画		1月	2月	3月
売上	千円	1,500	1,800	3,600
客単価	円	3,000	3,000	4,500
客数	人	500	600	800
費用	千円	800	800	800
人件費	千円	500	500	500

同じ収益計画表を使って別の例を説明しましょう。たとえば、社内プレゼンなどで報告するとき、打ち出したいメッセージが「3月は、客単価、客数ともに増加している」という場合です。こんなときは、その部分を強調するために該当箇所を二重線の四角で囲むのも効果的ですね。

POINT 3 1つの表内で項目ごとに区切って分類

	A	B	C	D	E	F	G
1							
2	地域別売上						
3				客数	客単価	売上	
4				人	円	円	
5	東京都		渋谷区	58	3,609	209,322	
6	東京都		中央区	35	3,465	121,275	
7	東京都		新宿区	43	3,882	166,926	
8	大阪府		大阪市	50	3,115	155,750	
9	大阪府		池田市	96	3,655	350,880	
10	大阪府		吹田市	67	3,155	211,385	
11	愛知県		豊田市	92	3,051	280,692	
12	愛知県		一宮市	84	3,836	322,224	
13	愛知県		豊橋市	51	3,157	161,007	

悪い例

たとえば、悪い例の地域別売上の表は、どこからどこまでが東京都なのか、すぐにはわからないですよね。

しかし、良い例のように地域ごとに分けるとすっきり分類！ それにはまず、東京都など都道府県名は最初の1つ目のみ記載し、それ以外はすべて消してしまいます（青い点線で囲んだ部分）。さらに、境目を二重線にすることで、一目で区別できるようになります。

地域ごとに二重線でカテゴリー分けできた！

地域別売上		客数	客単価	売上
		人	円	円
東京都	渋谷区	58	3,609	209,322
	中央区	35	3,465	121,275
	新宿区	43	3,882	166,926
大阪府	大阪市	50	3,115	155,750
	池田市	96	3,655	350,880
	吹田市	67	3,155	211,385
愛知県	豊田市	92	3,051	280,692

良い例

RULE 14
コピペ❶
数字だけコピペ「値貼り付け」

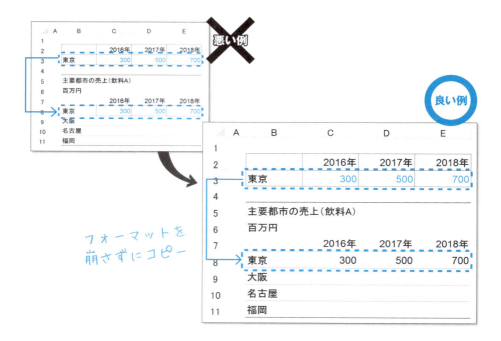

Part 1では、これまで「見やすいフォーマット」について解説してきました。ここから先は、**一度作成した見やすいフォーマットルールを崩さないコツ**について説明します。

フォーマットを崩してしまう典型的な例は、悪い例の図のように、フォーマットの異なる表のセルをそのままコピペしてしまうというものです。この場合、また改めて一からフォーマットを修正する必要があるわけですが、その作業はとても面倒です。

このようなケースでは、**フォーマットを崩さずに「数字だけ」コピーすると「値貼り付け」**という機能を使います。

STEP 値貼り付けの方法

1 貼り付けたいセルをコピーする。貼り付ける先のセルを選択し、右クリック→[形式を選択して貼り付け]を選ぶ

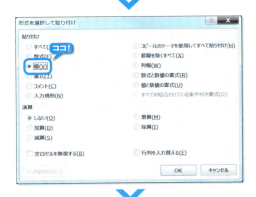

2 [値]を選択して、[OK]をクリック

3 完成

RULE 15

コピペ❷
表の見た目そろえる「書式貼り付け」

次に紹介するのは、フォーマットだけコピペするという方法です。

複数の表がある場合、毎回同じフォーマット修正作業を行うのは面倒。だからといって表自体をコピーしてしまうと、フォーマットだけではなく数字までコピーされてしまいます。

この場合は、**数字はなしでフォーマットだけ貼り付ける「書式貼り付け」で解決できます。**

STEP 書式貼り付けの方法

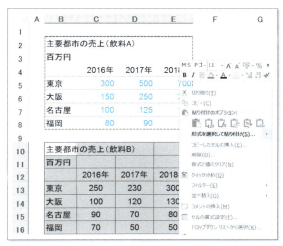

1 コピーしたい書式の表を、コピーする。さらに、フォーマット修正したい表を選択し、右クリック→［形式を選択して貼り付け］

2 ［書式］を選択して［OK］をクリック

3 すると、下の表が、上の表と同じフォーマットになって完成

RULE 16

コピペ❸ 計算式の再利用は「数式貼り付け」

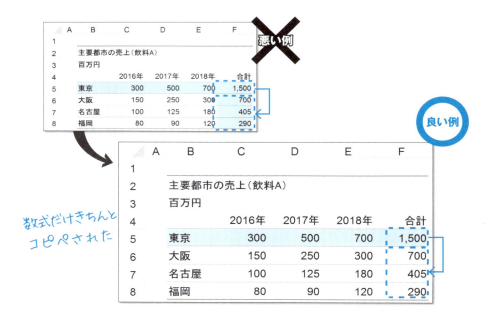

次に紹介するのは、数式だけコピペする場合です。

たとえば、下のように東京の売上の合計がSUM関数で計算されていて、この数式をそのまま大阪、名古屋、福岡にもコピーしたい場合、悪い例のように普通にコピペしてしまうと、フォーマット（この場合は背景色）までコピーされてしまいます。

このような場合には、良い例のように**数式だけ貼り付けることで、フォーマットを崩さずに計算することができます。**

STEP 数式だけのコピペの方法

① 数式のセルをコピー。数式を貼り付けたいセルを選択して右クリック→［形式を選択して貼り付け］を選ぶ

② ［数式］を選択して［OK］をクリック

③ すると、フォーマットを崩さずに数式だけ貼り付けられる

＋PLUS 1

貼り付けの形式を選ぶ、右の画面を出すには、ショートカットキーを覚えておくとよいです。

Ctrl ＋ **Alt** ＋ **V**

または

Alt → **H** → **V** → **S** （左から順番にキーを押していきます）

すると、この画面を出すことができます。

RULE 17

コピペ❹
数字の桁は「除算貼り付け」で減らす

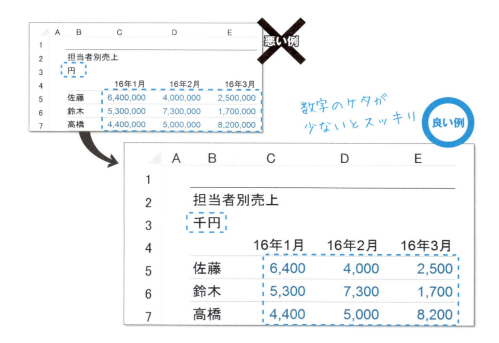

　エクセルで表を作成していると、数字のケタが多すぎて見づらくなることがあります。
　悪い例のような表を見せた上司から
「数字のケタが多すぎる。単位を円から千円に変更して、ケタを少なくしてくれ」
　と言われたら、どうしますか？
　数字の最後の000を1つ1つ消していくのでは、とても時間がかかります。
　この場合、**コピペの応用「除算貼り付け」でスピーディに作業できます。**
　除算とは、割り算のことです。つまり、除算貼り付けとは、「数字があるセルに、その数字を1,000で割った数字を上から貼り付ける」というテクニックです。

STEP ケタを少なくする方法

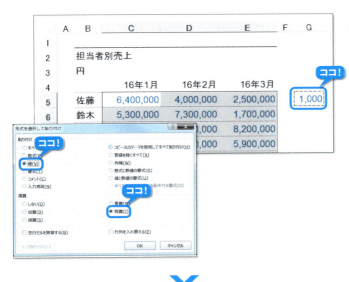

① まず、どこでもいいので適当な場所に、1,000と入力する。次に、この1,000をコピーして、表すべての数字を選択。次に、右クリック→［形式を選択して貼り付け］を選択し、［値］［除算］を選択する

② ［OK］をクリックすると、左のように、すべての数字が1,000で割られた数字に変わる

③ 最後に、単位を千円に変更すれば、完成

RULE 18

コピペ❺
縦横を逆にする「行列入れ替え」

元の表

	A	B	C	D	E
1					
2		主要都市の売上（飲料A）			
3		百万円			
4			東京	大阪	名古屋
5		2016年	300	150	100
6		2017年	500	250	125
7		2018年	700	300	180

*年を縦→横
に並べ替える*

縦横入れ替え後

	A	B	C	D	E
9					
10		主要都市の売上（飲料A）			
11		百万円			
12			2016年	2017年	2018年
13		東京	300	500	700
14		大阪	150	250	300
15		名古屋	100	125	180

　エクセル表を作成していると、あとになって「ああ、縦横を逆にしておけばよかった……」なんてことがあります。

　たとえば、元の表のように、横軸に都市、縦軸に年をとると、よく上司から「年は横軸のほうが見やすいので、縦横入れ替えて」なんて言われることがあります。

　これをいちいち数字を入力し直すのは、かなり時間がかかってしまいます。

　この場合は、縦横を入れ替えてコピペすることで、解決できます。

STEP 縦横軸の入れ替え方

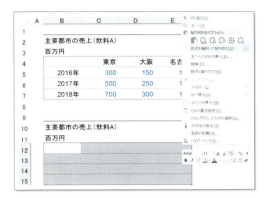

① 上の表をコピーして、下の図の貼り付け先を選択→右クリック→[形式を選択して貼り付け]を選択

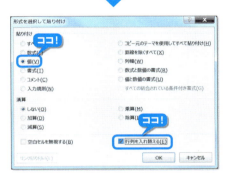

② [値]を選択し、さらに、[行列を入れ替える]にチェックを入れて、[OK]をクリック

③ これで完成

本書で使っているエクセル、パワーポイントのファイル（一部）はダウンロードできます！

エクセルセミナー .jp
http://excel-seminar.jp/

Part 2

見せ方次第でビジネスの
成功を左右する！

魅せる
グラフルール

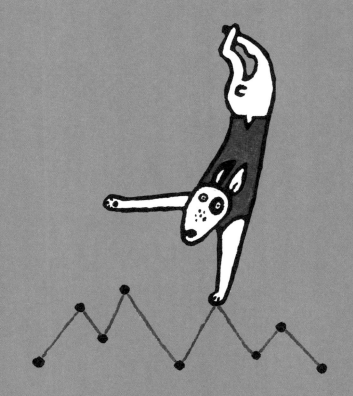

INTRODUCTION

数字を魅せる
グラフのルール

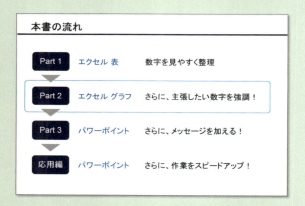

■プレゼン資料では、グラフが大切

　投資銀行がクライアントに対してプレゼンをする際、そのプレゼンの中にエクセル表が出てくることは少ないです。その理由は、エクセル表は理解するのに時間がかかるという欠点があるためです。

　たとえば、あなたが営業マンから、「自社の製品である飲料Aの販売数は、大きく成長しています！」と、このような表を見せられても、飲料Aの成長をあまり感じることができないでしょう。

各飲料の販売数
本

	1月	2月	3月
A	400	650	950
B	350	300	600
C	250	400	500

しかし、それをグラフにすると、このとおり。たしかに、飲料Aは他製品よりも成長していることがわかります。

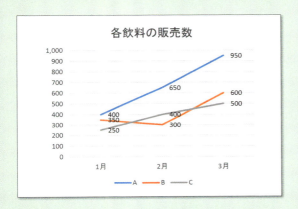

　さらに、このグラフが見やすいものになっていれば、上のグラフよりも、内容がすっと頭の中に入ってきます。

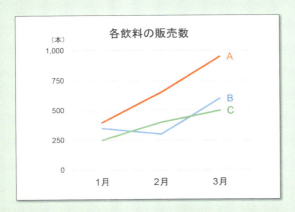

　このように、数字を相手に伝えるときには、ただ数字を並べればいいわけではなく、きちんと数字を加工し、相手がイメージしやすいように見せる必要があります。その手段の一つがグラフです。

INTRODUCTION

■投資銀行はグラフの見せ方にこだわります

　たとえば、ある企業が巨額の買収（M&A）を行う際には、そのアドバイザーとして投資銀行を採用しますが、コンペを開催することがよくあります。こうなると、それぞれの投資銀行は、いかに自分のところが他社よりもすばらしいかを強烈にアピールすることになります。ではどのようにアピールするかというと、いちばん手っ取り早いのは、過去の輝かしい実績を見せることです。

　しかし、この実績を見せるといっても、いろいろ見せ方があります。

　たとえば、ある大手インターネット企業が、小さなインターネット企業を買収するプロジェクトでM&Aアドバイザーを選ぶというコンペの場合、長年、M&Aアドバイザリー実績ナンバーワンの投資銀行のA社であれば、下の図のようにアドバイザリー実績を見せてアピールするでしょう。

　では、業界2番手の投資銀行であるB社はどうするか。もしこの投資銀行が、「2016年のインターネット業界のM&Aに限れば、我が社がナンバーワンの実績です」と、実績の範囲を絞れば、自社をアピールすることができるでしょう。

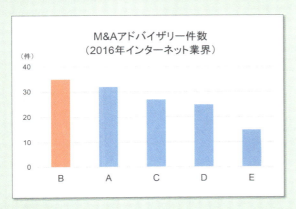

　このように投資銀行では、コンペに勝つためにたくさんの切り口でグラフを作成し、もっともコンペで勝てそうなグラフはどれか、徹底的に検討して提案資料に掲載します。もちろん、どのようなグラフを使っても、実績自体がよくなることはありません。しかし、グラフの見せ方一つで相手の印象が少しでも変わるのであれば、そのための努力を惜しまないのが投資銀行流と言えます。

　一方、グラフを使うことにはデメリットもあります。グラフで都合のよい数字ばかり見せていると、悪い数字が見えなくなってしまうことです。先ほどのコンペや営業であれば、自社の製品を売ることが目的なので、良い数字を積極的にアピールすべきですが、社内で使う資料、たとえば自社の経営状況を社長に説明するときは、むやみにグラフを使って都合のよい数字ばかりを見せていては、問題を先送りにしてしまうリスクがあります。このように冷静かつ客観的に分析する必要があるときは、主観的なグラフよりも、表で数字を見せるほうがよい場合がありますのでご注意ください。

RULE 19
伝えたいことを最初に明確化

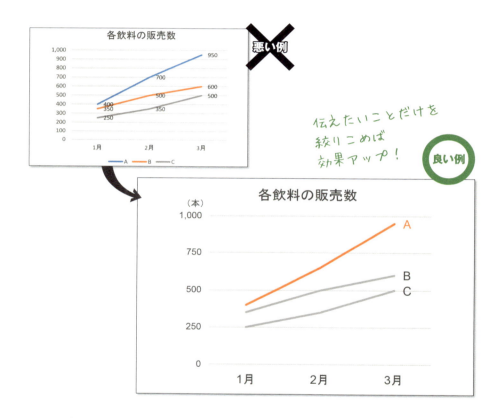

　表の作成と同じく、グラフもフォーマットが重要です。しかし、それはエクセルで元から設定されているフォーマットをそのまま使うということではありません。**少し手を加えるだけで、売上の伸びやこれからの成長の可能性など、伝えたいメッセージが見えてくるグラフにすることができるのです。**正確な数字を使いつつも、グラフ一つで見せ方を変えられる基礎ルールをご紹介します。

POINT 1　「伝えたいこと」をまず考える

　グラフを使う狙いは、「何を伝えたいか」を明確にすることにあります。
　様々なグラフがあるなかで、どのグラフを選ぶかという判断も「何を伝えたいか」ということを考えることで浮かび上がってきます。また、グラフの色を選ぶ場合にも、伝えたい箇所を明確にすることで、おのずと決まってきます。
　裏を返すと、「データがあるから、とりあえずグラフを作成しました……」という思いで作成したグラフでは、読み手も「このグラフで何が言いたいんだ？」と思ってしまいます。このようなトラブルは、主張するポイントを考えずにグラフを作成していることに、そもそも問題があるわけです。
　たとえば、左の２つのグラフを見ると、悪い例のグラフは、エクセルの標準グラフですが、これだと最初にどこを見るべきか、読み手が悩みます。一方、良い例グラフは、何も言わなくても「このグラフはＡについて説明している」ことが明確にわかりますよね。
　グラフを作るときには、改めて何を伝えたいのか最初に考えましょう。

POINT 2　邪魔な表記を排除してスッキリ見せる

　エクセルの初期設定のグラフのままだと、悪い例のようにごちゃごちゃしている印象になりがちです。目盛り線が多く入ったり、線の説明が書いてある凡例があるなど、余計な情報がたくさん記載されているためにそう見えてしまうのです。
　一方、良い例のグラフのほうがすっきりして見えますよね。目盛り線を少なくするだけでスッキリ見えますし、凡例がないだけで、グラフを読むストレスも軽減されます。
　大事なのは、いらないものは徹底して省いていくという意識。グラフ作りでは、必要のない情報はどんどん落としていく「引き算の思想」を大切にしましょう。

RULE 20
グラフは要点のみ「ミニマリズム」で

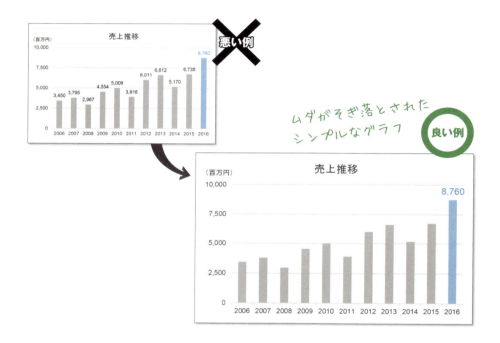

　グラフ化する意味とは、伝えたいポイントを明確にすることです。
　伝えたいポイントをより明確にするためには、雑多な情報を盛り込むのではなく、必要ない表記はどんどん思い切って削らなければいけません。
　たとえば、悪い例の棒グラフのように、すべての数値が表示されていると、目移りしてしまいます。大事なポイントは、「伝えたいことが何か」に立ち戻ること。このグラフで伝えたいことが「2016年は、過去最高の売上で、なんと80億円を突破したのです！」ということであれば、良い例の棒グラフのように、2016年だけ数字を表示したほうが、**よりシンプルかつ強いメッセージが伝わりやすくなります。**

STEP 数値を1つだけ表示するには

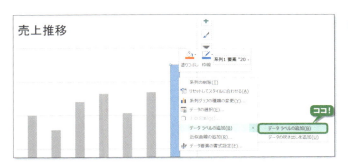

1. 数値を表示したいグラフを「2回」クリック（1回だけクリックすると、すべてのグラフが選択されてしまう）。
そのあと、右クリックして、［データラベルの追加］を選択

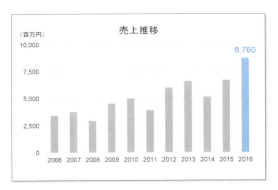

2. 該当グラフのみ数値が表示される

＋PLUS 1
棒グラフに3Dは必要ない

　最近は少なくなりましたが、3Dグラフを作成するケースがたまに見られます。
　これもやめておきましょう。
　3Dにすることで特に見やすくなるわけでもなく、むしろごちゃごちゃした印象を与えてしまいます。

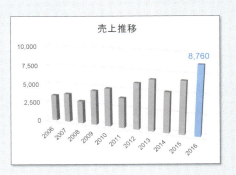

Part 2　魅せるグラフルール

61

RULE 21
折れ線グラフは、オレンジ主役

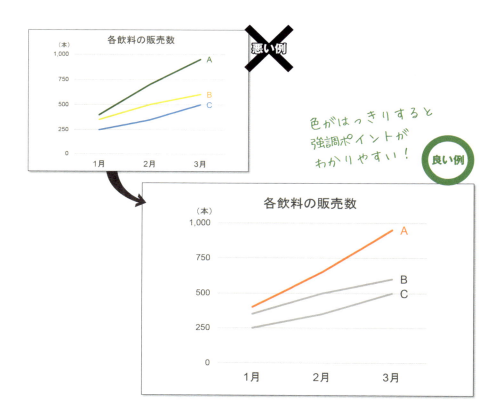

グラフを作成する際、色の使い方は大切。色のメリハリをつけることで、読み手に対してアピールポイントを明確に伝えることができます。

　たとえば、飲料Aの販売数の推移について、他の飲料と比較しながら説明する場合には、悪い例のグラフだと、どのグラフを見ればいいのか一目でわからないのに対して、良い例のグラフは、飲料Aの線がすぐに目に入るため、ここが強調したいのだなと伝わります。

POINT 1　アクセントカラー

アクセントに用いるカラーにどの色が良いかは、一概には決められません。企業によっては、グラフやプレゼン資料にはコーポレートカラーを強く押し出すために、色を決めているところも多くあるからです。表の背景色と同様、そのほうが資料全体にまとまりが出るためです。

ただ一般的には、**暖色系**のほうが目に入りやすい印象になります。そのため、赤を使うこともありますが、業績自体が赤字に見えかねないと避ける人もいます。Part2 では、暖色の中でも目に入りやすいオレンジと、寒色系でよく使われるブルーを並用します。

POINT 2　脇役カラー

今回の飲料B、Cのように、飲料Aの比較対象として使われている項目は、いわゆる脇役。そんな脇役は、思い切ってみんなグレーにしてしまいましょう。**グレー**をうまく活用することで、主役の項目を一層引き立てることができるのです。

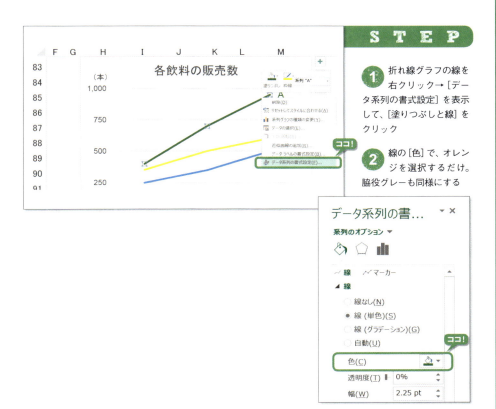

STEP

1. 折れ線グラフの線を右クリック→［データ系列の書式設定］を表示して、［塗りつぶしと線］をクリック

2. 線の［色］で、オレンジを選択するだけ。脇役グレーも同様にする

RULE 22
脇役カラーは、寒色かモノクロ

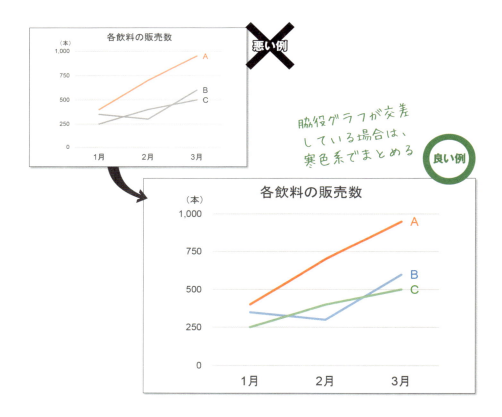

　前ページでは、「主役のアクセントカラーと脇役グレー」の使い方について説明しましたが、このルールが適さないこともあります。たとえば、悪い例のようにBとCが逆転したり、交差したりすると、同色では見にくくなってしまいます。
　この場合は、いくつか色を使うといいでしょう。ただ、濃い色をたくさん使うと見にくくなるので、薄い色にするのがポイントです。では、グラフの色使いの応用をいくつかご紹介します。

POINT 1 脇役カラーを、寒色に

　脇役項目が逆転や交差する場合などは、脇役にも異なるカラーを使った方が見やすくなります。その場合、主役のアクセントカラーがはっきりとした暖色なのに対して、脇役には薄めの寒色系を使うといいですね。暖色が原色系なら、寒色はパステル系といった具合に、色合いだけでなく色の濃さでも差をつけるとよりはっきりするでしょう。

POINT 2 白黒グラフは、点線を

　カラー印刷はコストがかかるので、白黒印刷を基本とする企業は多いです。白黒グラフの場合は、メインを太めの黒線、脇役には点線を活用しましょう。

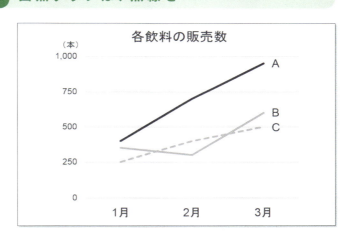

POINT 3 円グラフは、シマシマ濃淡に

　円グラフの脇役項目は隣接し合ってしまうため、同じ色では境がわからなくなってしまいます。そのため色を変える必要がありますが、円グラフの場合は色をたくさん使うよりは、濃いグレーと薄いグレーを交互にすると見やすくなります。隣接していると濃いほうから薄いほうへと少しずつグラデーションにしていきたくもなりますが、するとやはり色合いが似るため境が曖昧に。グレーのシマシマ濃淡がオススメです。

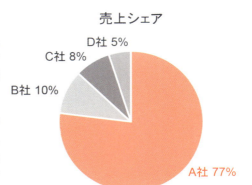

RULE 23
凡例不要！データの名前は線の右

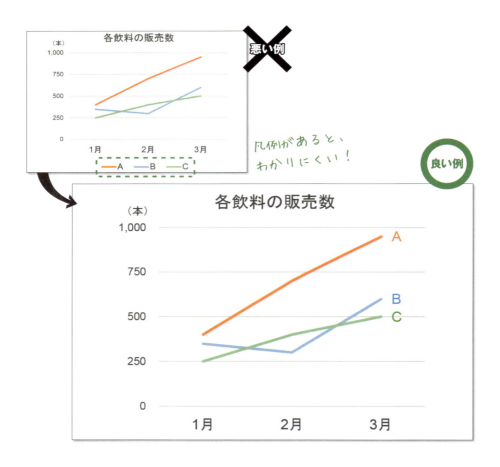

　エクセルでは、データの内容を示す凡例（データのタイトル）が表示されます。しかし、グラフを見るときにどの線が何を示すか、いちいち凡例を確認するのは面倒ですよね。そこで、**各折れ線の右端に項目名を配置しましょう。線のすぐ横に記すことで、より見やすいグラフになります。**

STEP

① グラフの一番右端を「2回」クリックして、グラフ右端部分だけ選択する（1回クリックだと、グラフ全体を選択）

② さらに、そのまま右端を右クリック→［データラベルの追加］を選択する

③ 現れたデータラベルを2回クリックし、さらに右クリック→［データラベルの書式設定］を選択。ラベルオプションの［系列名］にチェックを入れ、［値］のチェックを外す

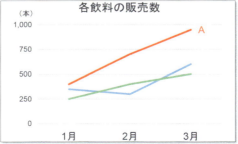

④ これでグラフ右端にAと表示される。文字色をグラフと同じ色にすると、さらにわかりやすい

RULE 24
単位は、縦軸の左上に置く

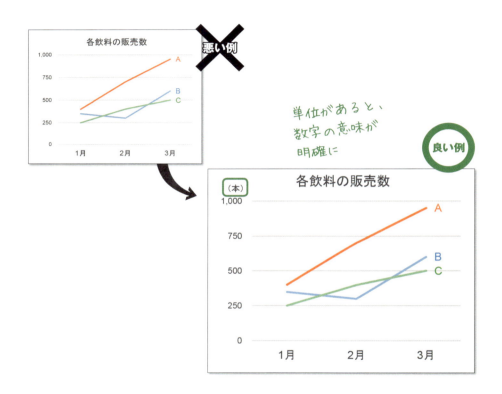

　グラフを作成する際、単位の記載が必要になる場合があります。この**単位記載は、意外と忘れやすいので要注意です。**

　単位の挿入はテキストボックスでグラフ上に挿入します。

　また、このグラフをパワーポイントに貼り付けることが決まっている場合は、パワーポイント上にテキストを貼り付けてもかまいません。

STEP　単位の挿入はテキストボックス

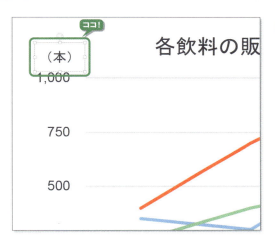

1 テキストボックスを表の左上に挿入。文字サイズは縦軸の項目のサイズと合わせるときれいに見える（通常は9ポイント）

＋PLUS 1
横棒グラフの場合

　横棒グラフの場合は、横軸の右端に挿入するケースが多いです。

　こちらもテキストボックスを挿入して付け加えましょう。

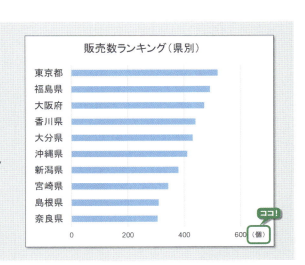

RULE 25

項目名❶
重複表記はまとめる

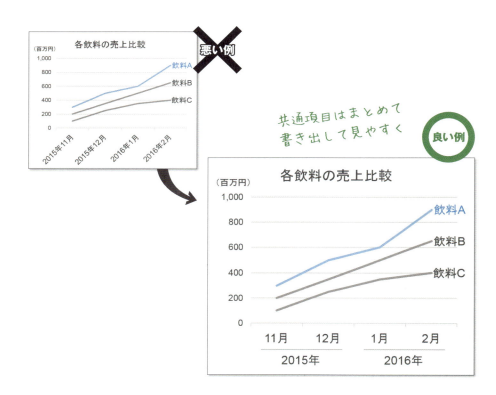

　横軸の項目が多いと、悪い例のようにナナメ表記になってしまうことがあります。ナナメ表記はとても見にくいので、修正する必要があります。
　修正する方法の一つが、「重複する表記は省く」というやり方です。
　たとえば今回の場合、2015年、2016年という表記を何度も記載する必要はなく、良い例のグラフのように、年表記をまとめてしまうとスッキリします。
　この表現方法ならとてもシンプルで、横線と、年表記のテキストボックスをグラフに重ねることで、見やすいグラフを実現できます。

STEP 重複表記のまとめ方

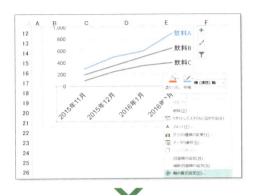

1 横軸の項目を右クリック→[軸の書式設定]を選択

2 [表示形式]の[表示形式コード]から年表記を削除して、[追加]を押す

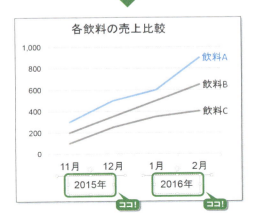

3 月表記のみになったところで、上から横線とテキストボックスを重ねて完成

RULE 26

項目名❷
横軸の項目名は、改行を活用

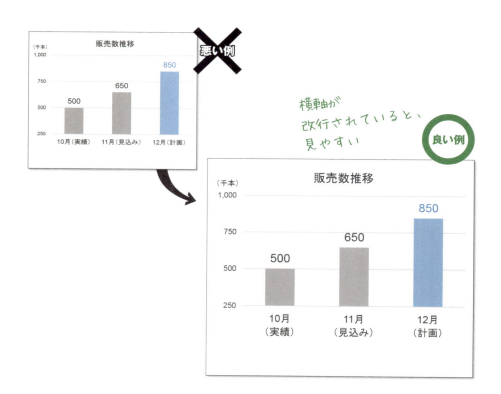

横軸の項目の表記は、改行をうまく使うと見やすくなります。

　たとえば、悪い例のグラフの場合、「10月」と、「(実績)」の表記が交ざっていて見にくい印象です。時間軸と内容が一列に並んでいると、比較もしづらいので、それぞれを行で分けるといいでしょう。この、「10月」と「(実績)」の間を改行することによって、良い例のグラフのように見やすくなります。

　横軸の項目を改行するには、元データの項目名を［Alt］キーを使って改行します。

STEP 横軸の項目を改行する方法

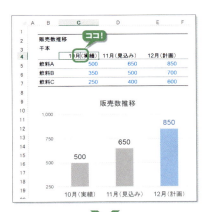

① グラフ元データの「10月」と「(実績)」の間にカーソルを合わせて、[Alt]＋[Enter]を押す

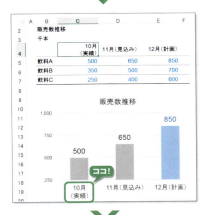

② すると、「(実績)」が改行される

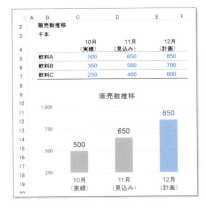

③ 11月、12月も同じ作業を繰り返して、完成

RULE 27

目盛線❶
グラフの目盛線は3～4本に

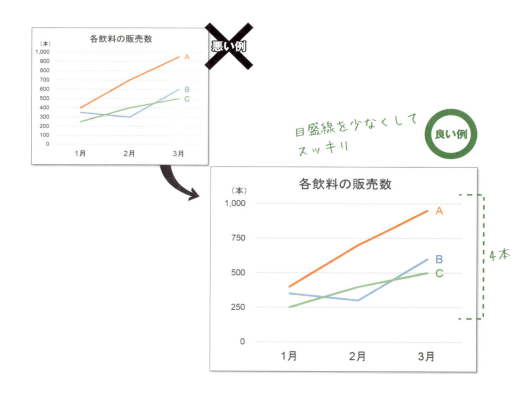

　すっきりしたグラフを作成しようとする場合、背景に引かれる目盛線にこだわることも重要です。

　通常、エクセルでグラフを作成すると、悪い例のグラフのように目盛線がたくさん表示されてしまいます。これだと、**目盛線がずいぶんと目立っている印象になり、良くないですよね。**

　この場合、**軸の書式設定を変更することで、良い例のように目盛線をすっきり見せることができます。**

STEP 目盛線の減らす方法

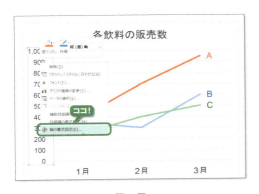

① グラフの左端の軸を右クリック→「軸の書式設定」を選択

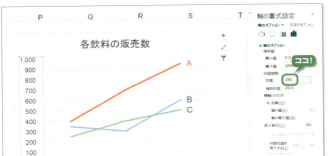

② 目盛を「100」から「250」に変更すると、最大値1000÷250=4本の線が引かれる

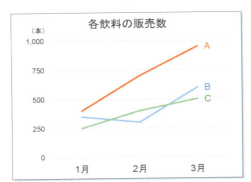

③ これで完成。折れ線グラフがよりくっきり目立つようになった

RULE 28

目盛線❷
境界線は、250、500、1000

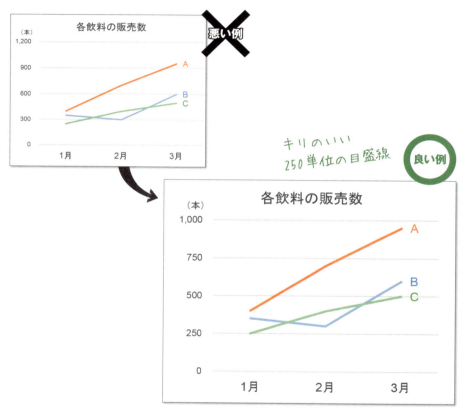

　たとえば、悪い例のグラフの目盛りは300刻みになっていますが、目盛線が1000といったキリの良い数字を通らないと、見ているほうはどうも気持ちが悪いものです。

　目盛の刻み方のコツは、250、500、1000の倍数で線を引くことです。

　最大値が1000付近であれば、1000÷4本、つまり1本あたり250にすると、良い例のグラフのようにスッキリしますね。

＋PLUS 1
最大値のケース別、ベストな目盛線はどれ？

最大値が2000の場合

たとえばAの最大値が1800の場合は右のようになります。

この場合は、2000÷4本、つまり500ごとに目盛線を引くときれいに見えます。

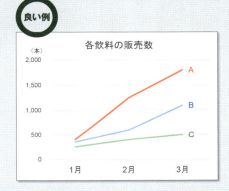

最大値が1200の場合

少しむずかしいのが、Aの最大値が1200の場合です。

右図のように500ずつで区切ろうかと思うのですが、500×4本＝2000が最大となり、上の4分の1のスペースが余ってしまいます。

グラフを描く際、ムダなスペースがあると、グラフの線が見にくくなってしまいます。この場合は、500×3本、つまり、最大値を1500にするわけですね。

このように、**3本と4本の線を使い分けることで、見やすいグラフを作成することができます。**

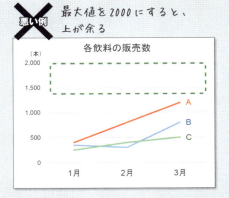

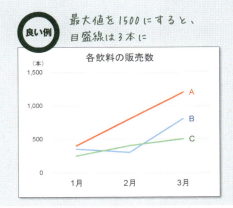

RULE 29
成長性の強調は、折れ線グラフ

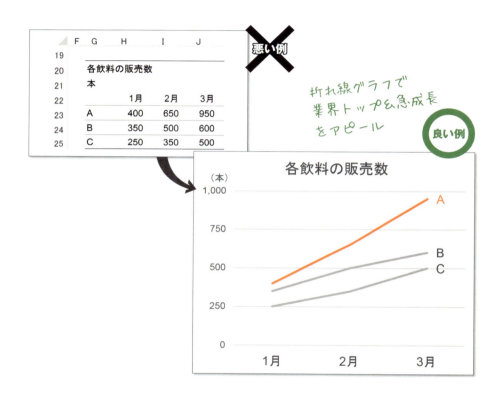

　他社よりも売上が多く、さらに急成長している自社製品を持っているなら、強くアピールしたいところ。それを数字がたくさん並んでいる表で表現しても、思うほどにナンバーワンの事実が伝わらないことがあります。他社の飲料B・Cよりも売れていて、さらに成長率も高いA。2点も強みがあるのにもかかわらず、悪い例のような数字の表だとフラットに映りますよね。

　そういうときこそ、グラフの出番です。良い例のように**折れ線グラフを使って、一番であることを視覚化すれば、アピール度もアップ**です。

STEP 2-D折れ線グラフの作り方

① 折れ線グラフを出すため、まず表の項目と数値全体を選択する。そして[挿入]タブから[折れ線グラフの挿入]→[2-D折れ線]をクリック

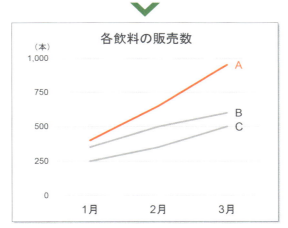

② 折れ線グラフに変換したことで、ほかの飲料よりも売れていること、さらに成長スピードもトップであることが伝わる

➕PLUS 1
グラフの横幅を縮めるだけで印象が変わる！

折れ線グラフで成長をアピールするときに、気を付けたいのがグラフの横幅です。横が間延びしているグラフだと、成長がなだらかに見えてしまいます。

こういう場合、右図のように横幅をすこし縮めると、急成長しているように見えますね。

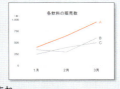

RULE 30
競合との差をごまかすなら、縦棒グラフ

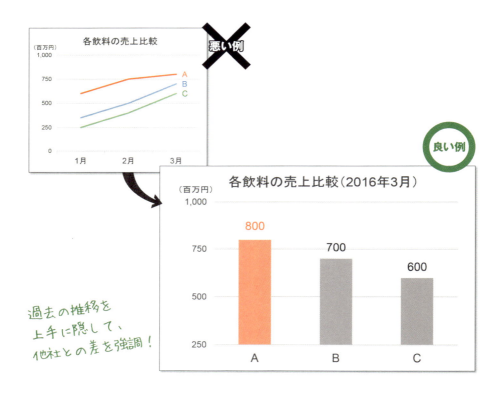

　現在の売上はナンバーワンながら、最近、実は競合に追い上げられ苦戦している……。そんな状況を資料化する際、悪い例のように折れ線グラフで表現すると、他社の成長が著しいことがよくわかってしまいます。

　ここで自社がアピールすべき点は、「現在の売上はトップ」という一点だけです。そんなときは良い例のような棒グラフで表現してみるといいですね。さらに、目盛を250－1000に広げることで、他との差を大きく見せられます。

STEP 棒グラフの作り方

① 元データの表の中から、棒グラフを作りたい3月の数値を選択。[挿入]→[縦棒グラフの挿入]→[集合縦棒]を選ぶ

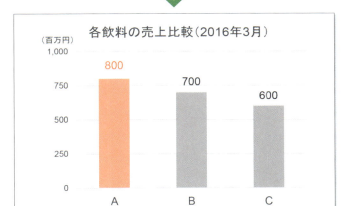

② グラフの色、項目名、目盛などを変更して、棒グラフが完成。「現在の売上はナンバーワンです」と堂々と主張できる。差をもっと強調するために、縦軸の目盛の間隔を広げる

③ 縦軸を縮めるには、縦軸を右クリックし、[軸の書式設定]→その中の境界値にある[最小値]を[0]から[250]に変更する

RULE 31
将来性アピールなら、点線で

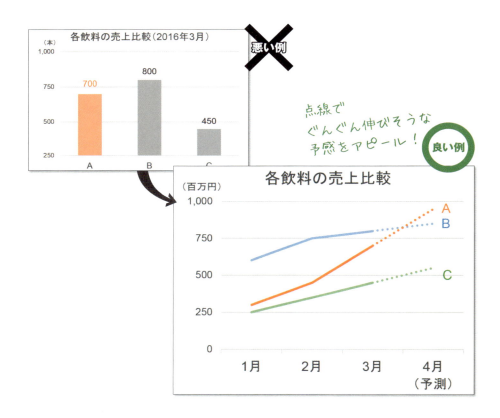

　売上は他社よりも劣るが、最近伸びている製品をアピールしたい場合は、推移を伝えて成長を強調すべく、折れ線グラフを使用するといいでしょう。さらに様々な手法を使うことで、事実を曲げずに、成長スピードや将来性を「演出」することも可能になります。悪い例と違って良い例は、翌月には売上が逆転しているという将来予測を含んだグラフですよね。**今は２番手という事実よりも、将来伸びそうな予感を相手に与えられます。**

STEP　点線グラフの作り方

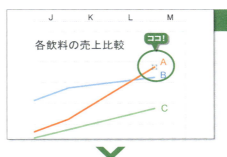

1 グラフの右端を2回クリックして、グラフの右端のみ選択

2 グラフ右端を右クリック→［データ要素の書式設定］をクリック

3 ［実線/点線］から、点線を選択

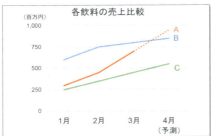

4 これで完成

RULE 32
シェアを強調するなら、円グラフ

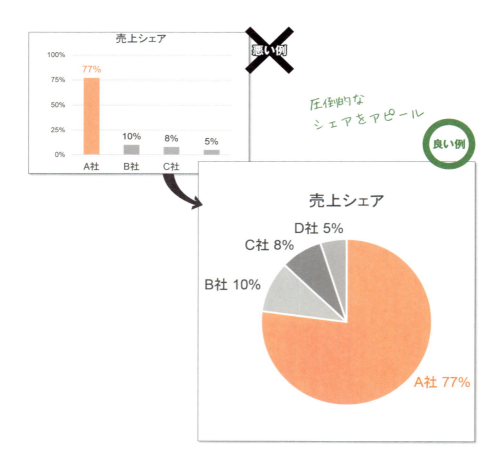

　業界の中で圧倒的な力を誇っていることをグラフで強調したいなら、構成比を表現するのに適した、円グラフを使うといいですね。**割合が円に近いほど、「一人勝ち」を直感的に伝える効果があります。さらに色を加工することで、市場における優位性がダイナミックに伝わります。**

STEP 円グラフの作り方

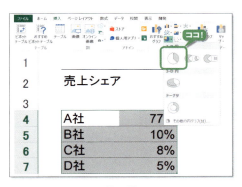

① まずグラフにしたい表の項目と数値を選択。そのあと、[挿入] タブから [円グラフの挿入] の [円] を選ぶと、円グラフが表示される

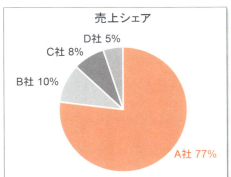

② 自社をオレンジ色、他社をグレーで表現してメリハリをつけよう。シェアが4分の3以上を占めていることが明らかに

➕PLUS 1
やってはいけない「グラフのウソ」

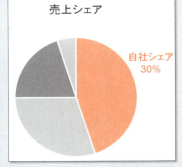

　私がエクセル研修を行っていると、たまに右のような円グラフを作成して、営業先に提案している方がいらっしゃいます。

　このグラフは、30％というシェアの割に、ずいぶん円グラフが大きく見えます。

　つまりこれ、円グラフの上からテキストで「30％」を貼り付けているわけです。

　少しでも営業先に良い印象を持ってもらいたいという気持ちはよくわかりますが、これはやめたほうがいいですね。数字はウソつきませんし、また、ウソをついたことが営業先にばれてしまっては元も子もありません。

RULE 33
微妙な差なら、円グラフは使わない

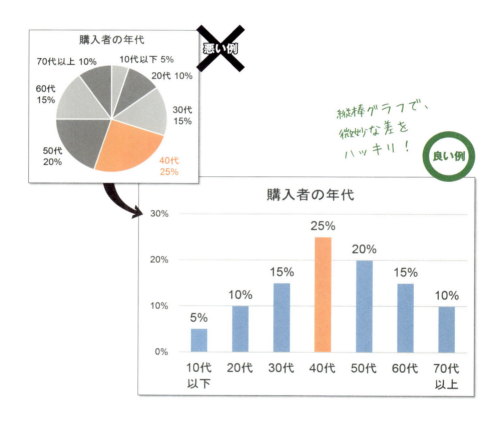

　項目が多く、圧倒的なシェアを誇っていない場合に円グラフを使うのは危険。なぜなら円の中の構成比が小さく映り、十分な差がなければ伝わらないからです。アピールしたいのは、構成比において40代がトップである事実ですよね。しかし悪い例では、ほかとの差が小さく、1位ということがよくわかりません。**差が微妙であれば、良い例のように棒グラフを採用し、さらに見せ方を工夫していくといいですね。**

STEP 差を強調する棒グラフの作り方

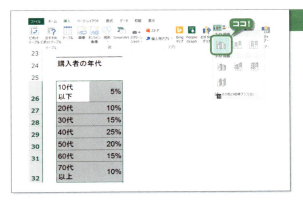

1 ここで選ぶべきは円グラフではなく、棒グラフです。元の表の項目と数値を選択し、「挿入」タブから［縦棒グラフの挿入］→［集合縦棒］を選ぶ

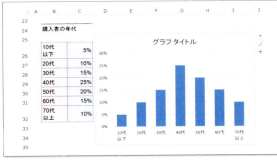

2 表示された縦棒グラフ。しかしこのデザインではまだ迫力に欠けるため、40代が目立つようにカスタマイズする

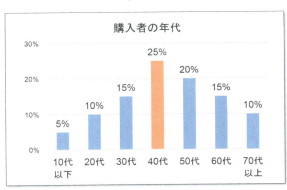

3 グラフに数字を追加、オレンジとブルーの色分け、縦軸の調整などの技を駆使して、グラフが完成

RULE 34
成長要因の説明は、積み上げ縦棒グラフ

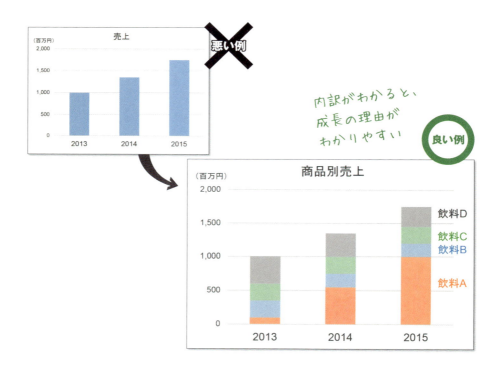

　売上の成長を示す場合、一般的には縦棒グラフを使います。
　ところが、悪い例のように、売上の推移を縦棒グラフで示した場合、もしかすると上司から
「この売り上げが伸びた要因は？」と聞かれるかもしれません。
　もしその理由が、「飲料Aの売上が伸びたから」という理由であれば、良い例のように、商品別の売上を示したほうがいいですね。
　このように、**縦棒グラフの「内訳」まで示したものを、積み上げ縦棒グラフで表現することができます。**

S T E P　積み上げ縦棒グラフの作り方

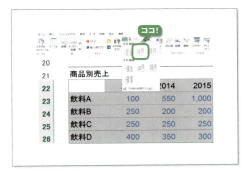

①　商品別売上の表を選択し、[挿入] タブ→縦棒グラフの挿入→ [積み上げ縦棒] を選択

②　すると、積上げグラフが表示されるが、飲料別の売上になってしまう。グラフを右クリック→[データの選択] を選ぶ。そして、[行/列の切り替え] 、をクリックして [OK]

③　すると、飲料別だった売上が、年別に変更。最後にフォーマットを整えて完了

RULE 35
業界シェアの推移は、100％積み上げ縦棒グラフ

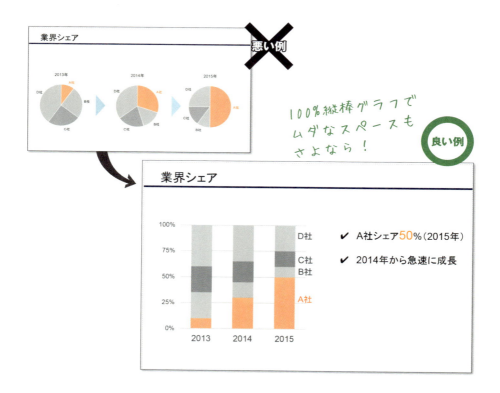

　業界シェアの推移をグラフで示す場合、悪い例のように円グラフを並べたものを見ることがありますが、これはあまりオススメできません。

　円グラフの一番の欠点は、スペースをとってしまうことです。複数の円グラフを並べると、スペースをとる割に伝えているメッセージは限られているため、資料は締まらない印象のものになってしまいます。

　このような場合は、**100％積み上げ縦棒グラフを使用すれば、業界のシェアの変化を一目で見ることができます。**

STEP 100％積み上げ縦棒グラフの作り方

① グラフにしたい範囲を選択し、[挿入]タブ→[縦棒グラフの挿入]→[100％積み上げ縦棒]を選択

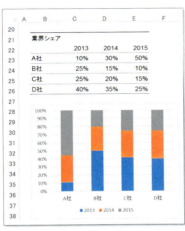

② すると、グラフが表示される

③ 「積み上げ縦棒グラフ」のときと同じ手順でグラフの行/列を入れ替え、フォーマットを修正して完成

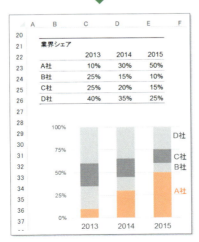

RULE 36
大きなトレンド変化は、面グラフ

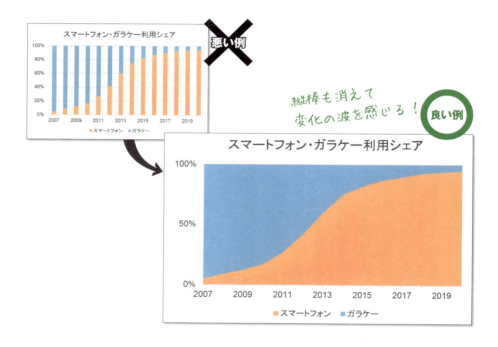

　縦棒グラフはとても見やすく、よく使うグラフではありますが、使い方によっては見にくくなることもあります。たとえば、悪い例のグラフは、スマートフォンとガラケーの利用シェアについて、100%積み上げ縦棒グラフで表現しています。たくさんの縦棒グラフが並んでいると、少し見にくい印象です。

　このグラフで伝えたいメッセージが、「2011年頃からスマートフォンが急速に普及している」ということで、**細かな数字より変化をビジュアル的に伝えたいのであれば、縦棒グラフを並べるよりも、良い例のように、「面」で表現したほうがわかりやすい**です。このようなグラフは、「面グラフ」と呼ばれています。

STEP 100％積み上げ面グラフの作り方

① グラフにしたい範囲を選択し、[挿入] タブ→ [面グラフの挿入] → [100％積み上げ面] を選択

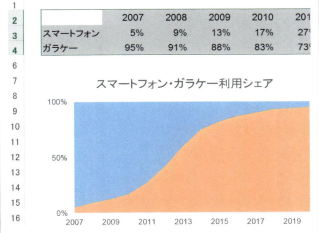

② フォーマットを整えて、完成

RULE 37
項目数が多いときは、くるっと横棒グラフ

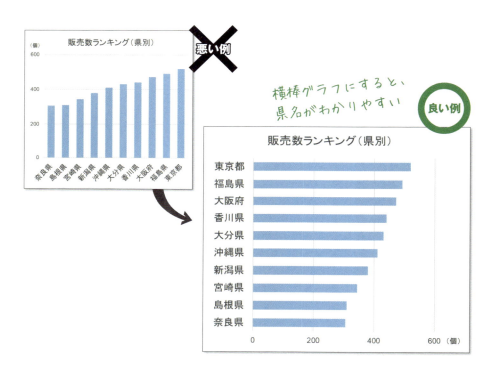

　横軸の項目が多いグラフの場合、項目名がナナメになってしまうことがありますが、やはりナナメの表記というものは見にくいものです。
　項目数が多い場合は、縦棒グラフを横棒グラフに変更するといいでしょう。良い例のように、都道府県名がきれいに縦にそろっていて、見やすいですね。
　棒グラフといえば縦棒グラフと思う方が多いですが、今回のように項目が多かったり、または項目名が長い場合には、横棒グラフのほうが使いやすいです。上手に使い分けましょう。

STEP 横棒グラフの作り方

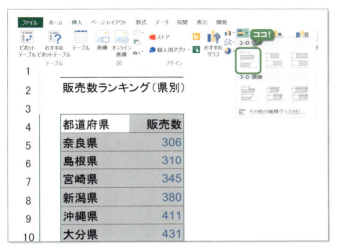

1. データ範囲を選択し、[挿入]タブ→[横棒グラフの挿入]→[集合横棒]を選択

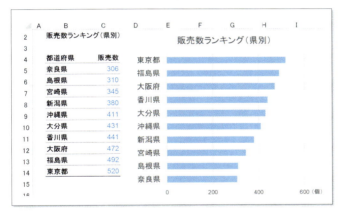

2. フォーマットを整えて、完成

＋PLUS 1
横棒グラフの単位は右端に

横棒グラフの場合、単位は右端にテキストボックスで挿入しましょう。

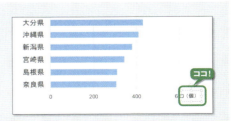

本書で使っているエクセル、パワーポイントのファイル（一部）はダウンロードできます！

エクセルセミナー .jp
http://excel-seminar.jp/

Part 3

シンプルなのに
説得力大

伝わる
プレゼン資料
ルール

INTRODUCTION

「短い作成時間で、メッセージを伝える」プレゼン資料

　本章Part 3では、いよいよプレゼンテーション資料の作り方を紹介します。プレゼンテーションといっても、社内向けの情報共有や、株主向けの業績説明など、その目的は様々です。もちろん目的によって資料の内容も異なりますので、本章では、営業資料という前提で進めます。

　はじめに考えていただきたいのが、もし上司に「来週、社運を賭けたプレゼンがあるので、全力でプレゼン資料を作成してほしい」と指示があったら、どうしますか？

　ここでよく起きるパターンが、たっぷり時間をかけて、きらびやかなプレゼン資料を作成したものの、逆に伝えたいポイントがぼけてしまい、プレゼンで

負けてしまう、というものです。

これには問題点が二つあります。第一に、ハデな資料＝良い資料、と勘違いしてしまったことです。気持ちはわかりますが、過剰にハデな資料は印象的ではあるものの、なかなかそれだけでは顧客の心を動かすのは難しいでしょう。そしてもう一つの問題は、資料の作成自体に時間をかけすぎると、提案内容のクオリティが下がってしまうリスクがあるということです。美しい資料を作れば、それだけでなんとなく満足してしまうのは大変危険です。

投資銀行のプレゼン資料は、意外とシンプルです。そしてエクセルと同様、パワーポイントも社内ルールが決まっていて、それに合わせて資料を作成するので、いちいち何色にしようかと悩むことも少ないです。

私は、パワーポイントを作成するうえで最も大切なポイントは、「短い時間で、効果的にメッセージを伝える」ことだと考えます。ビジネスにおいて、時間＝コストです。時間をかければ人件費はかかるし、さらにムダな時間を削れば、他の仕事に時間を使うことだってできます。

ただし、もちろんまったく時間をかけずにインパクトのある資料を作成することも難しいので、本章では、最低限おさえておきたい「短い作成時間でメッセージを最大化させる」ポイントについて解説していきます。

INTRODUCTION

投資銀行の
「短い作成時間で効果的にメッセージを伝える資料」とは

　短い時間で効果的にメッセージを伝える資料を作るためにはまず、以下3点を意識しましょう。

短い作成時間で効果的にメッセージを伝える資料

(1)　プレゼン資料のルール化

(2)　数字を使って説明する

(3)　応用テクニックを身につける（ショートカットなど）

（1）プレゼン資料のルール化

　エクセルと同様、パワーポイント資料についても、その資料の作成ルールを設けることが大切です。外資系投資銀行では、エクセルだけではなく、パワーポイントについてもルールが明確に定められています。文字の色からフォントサイズ、行間といった細かいところまで定められているので、覚えるのも一苦労です。しかし、そのルールに従って、同じ作業を繰り返していれば、資料作成のスピードは大きく向上します。

(2) 数字を使って説明する

　数字を使って説得すると、より強力にメッセージを伝えることができます。たとえば、「弊社はこれまでにたくさんの実績があります」というよりも、「弊社は今年200件の受注実績があり、3年連続で業界1位です」と説明したほうが、説得力がありますよね。

　本章の前半では、これまで作ってきたエクセルのグラフにメッセージを加えることで、説得力のあるプレゼン資料の作り方について説明します。

(3) 応用テクニックを身につける（ショートカットなど）

　応用編では、パワーポイントの作業スピードを上げるための応用テクニックについて解説します。みなさん経験あると思いますが、パワーポイントの作業というのはとても時間がかかります。図形をそろえるのも一苦労、書式を整えるのも一苦労です。このような作業時間を少しでも短縮し、効率的に資料を作成できるテクニックをご紹介します。

RULE 38

構成❶
構成は大きく4つ

プレゼンテーション資料の構成

サマリー	・ 本資料で伝えたいことのまとめ
目次	・ これから何を説明するか
本編資料	・ 資料をくわしく説明
補足資料	・ より細かい点を質問されたときに備えて

プレゼンテーション資料は、大きく

①**サマリー**

②**目次**

③**本編資料**

④**補足資料**

の4つで構成されています。

サマリー　プレゼンの結論をひとことで

まず、**サマリー**とは、この資料全体のまとめですね。長々としたプレゼンテーションの場合、聞き手にとってはプレゼンの全体像が見えず、「……で、結論は？」と思わず聞きたくなってしまいます。プレゼン冒頭にサマリーページを設け、この資料で伝えたいことを先にまとめて説明しましょう。

目次　プレゼン全体の流れを見せる

次に**目次**です。目次は、プレゼンテーションの中で「これから何を説明するか」「いまどこまで説明したか」を聞き手に理解してもらうために重要です。また、後述しますが、目次は冒頭のみではなく、本編資料の中に何度も掲載することで、聞き手に「いまはプレゼン全体の何合目なのか。あとどれくらい説明が残っているのか」を理解してもらうことができます。

本編資料　プレゼンの要、メインコンテンツ！

次は**本編資料**。こちらはプレゼンのメインコンテンツです。ボリュームは多すぎず、ポイントをしぼって説明する必要があります。

補足資料　聞かれそうなことはすべて押さえる

最後に**補足資料**。これは、本編資料を説明しているときに、聞き手から質問があった場合に備えた資料となります。「それほど重要ではないが、一応入れておきたい」内容は、すべて補足資料に入れましょう。

RULE 39

構成❷
サマリーで最初に結論

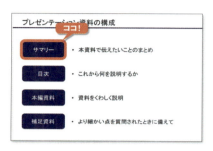

プレゼンを聞く側は、長々とプレゼンを聞き続けると、話の脈絡がだんだんわからなくなってしまいます。そのため、まず冒頭にプレゼンの結論とその理由、背景について簡単にまとめましょう。投資銀行業界ではエグゼクティブ・サマリーと呼ぶこともあります。

POINT 1　最大10行を目標に

サマリーを書いていると、だんだん「あれもこれも」書きたくなってしまいます。その結果、サマリーページなのに、サマリーとは思えないボリュームになったり、あるいは、文字が小さくなって見にくいページになることがあります。

目安としては、3〜4項目（右ページの①国内、②海外、③その他のように）について、各2〜3行、つまり合計10行くらいのサマリーを目指しましょう。

POINT 2　挨拶状としての意味合いも

外資系投資銀行がクライアントへ向けて営業資料を作成する場合、サマリーに挨拶文を入れることがあります。たとえば、冒頭に「本日は貴重なお時間を頂き、誠にありがとうございます」、あるいは、サマリーの最後に、「ぜひ貴社のお役に立ちたいと思います」といった具合ですね。

外資系投資銀行の提案は、「子会社の〇〇株式会社を売却しましょう」といった、かなり大胆なものが多いのです。そのため、クライアントが不快になるケースも珍しくありません。少しでも気分よく聞いてもらうために、できる限りの工夫をするのも投資銀行流といえるかもしれません。

1年間の事業を振り返るサマリー

2016年の振り返り（サマリー）

国内
- ほぼ前年並み（前年比102％）
- 来客数は減少したものの、客単価は向上
- インターネット販売は引き続き好調

海外
- 米国： 10店舗に拡大。売上は前年比160％
- 欧州： 景気低迷の影響により、売上は前年比86％
- 中国： 立ち上げ時期。来年から売上が発生

その他
- XYZ社と業務提携。来年は、XYZ社の店舗にて、自社商品を販売開始
- 社員数は前年から30人増加、合計150人に

　たとえば、例①のサマリーは、1年間の事業を振り返るケースです。国内、海外、その他それぞれの事業について、2016年の状況を簡単にまとめたわかりやすい例です。ただ数字をつけて並べるのではなく、カテゴリーに分けて内容を説明し、見やすくなっています。

営業資料のサマリー

本日のご提案（サマリー）

貴社の課題
- 貴社の売上・利益は順調に成長
- 一方、社員数は急増し、勤怠管理の手間も増加
- 勤怠管理の効率化により、さらなる利益の成長を目指す

ご提案
- 勤怠管理ツール「ABC」の導入のご提案
- ABCの特徴、他社との比較
- 導入時の費用

　例②は、クライアントへ提案するプレゼンテーションのケースです。営業資料の場合、クライアントの課題を明確にしながら、その課題を解決する手段として、自社の製品を提案することが多いです。このような場合には、「貴社の課題」と、「ご提案」を→でつなげることにより、このプレゼンテーションの流れをわかりやすく伝えることができます。

RULE 40

構成❸
目次は繰り返し挿入

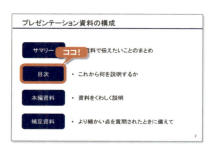

長時間のプレゼンを聞いていると、「あれ、いま何の話をしているんだっけ」と、全体の流れがわからなくなってしまう場合があります。目次を繰り返して見せることで、聞き手に全体の流れを理解してもらうことができます。

POINT 1　サマリーと目次の項目を合わせる

せっかくサマリーで伝えたいことをまとめても、そのあとの目次とズレていると、理解しにくいです。できるだけ、サマリーの項目と目次をそろえるようにしましょう。

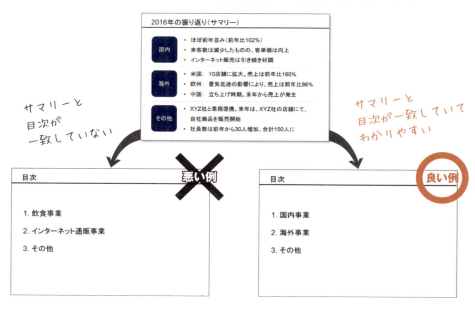

POINT 2　目次は、繰り返して掲載する

目次
1. 国内事業
2. 海外事業
3. その他

▼

本編資料

▼

目次
1. 国内事業
2. 海外事業
3. その他

▼

本編資料

▼

目次
1. 国内事業
2. 海外事業
3. その他

ポイントは、目次を本編資料の中に繰り返して掲載することで、「いまはプレゼン全体の何合目なのか」をはっきりさせることです。終わりの見えないプレゼンテーションというものは、聞き手にとってつらいものです。

RULE 41

構成❹
本編は、1ページ1メッセージ!

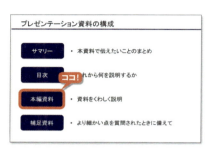

　本編では、資料で伝えたいことをくわしく書いていきます。しかし細かすぎる内容だと、ポイントがわかりにくくなってしまいます。それほど重要ではない内容については、次項で説明する補足資料にまわしましょう。

POINT　1ページ、1メッセージ、1グラフ

　本編のポイントは**1ページ、1メッセージ**です。1ページに多くのメッセージを詰め込むと、聞き手が理解しにくくなってしまいます。あくまで伝えたい1メッセージと、それをサポートするデータ（グラフや表）のみを記載することが望ましいです。
　また、グラフや表を用いる場合、2つ以内に収めるように心がけましょう。

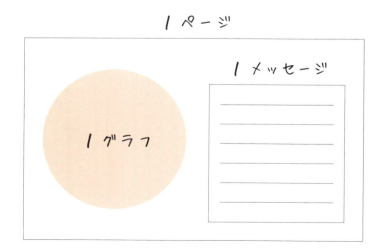

メッセージの場所は、データの数によって異なります。

データが1つの場合のメッセージの位置

国内事業の急速な成長

飲料Aの販売数

(百万本)
- 2012: 550
- 2013: 650
- 2014: 850
- 2015: 1,450

✔ 前年比＋70%
✔ 新CM効果
✔ 販売店舗の拡大

データが1つの場合は、メッセージは右側

　データが1つの場合は、メッセージを右側に記載します。この場合、文章の横幅がせまいため、箇条書きにするとわかりやすくなります（オレンジ枠部分）。

データが2つ以上の場合のメッセージの位置

データが2つの場合、メッセージは上部

　一方、データが2つある場合には、メッセージは上部になります。この場合は、横幅は十分ありますが、一方で縦幅に余裕がないため、1行でメッセージを書くようにします。

RULE 42

構成❺
補足資料は、立つほど大量に

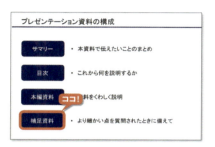

　補足資料には、「それほど重要ではないが、一応入れておきたい内容」を掲載します。投資銀行業界では、プレゼン相手からの質問にすぐ答えられるよう、本編資料よりもはるかに多くの補足資料を作成します。

　補足資料を作成する大きなメリットは、本編資料の内容を少なくすることができる点です。みなさん経験あると思いますが、「このデータも一応資料に入れておこう」と、つい考えてしまいます。ところが、すべて本編資料に入れてしまうと、冗長なプレゼン資料になってしまいます。

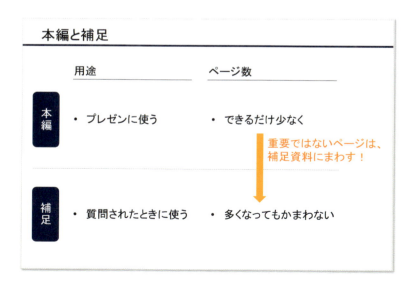

POINT いくらページ数が多くてもかまわない

　投資銀行は、膨大な財務データを元に分析してプレゼンテーションを行うため、資料も膨大です。もちろんそのすべてを本編資料に入れるとプレゼンの時間が足りなくなるため、それほど重要ではないデータについてはすべて補足資料に入れます。補足資料が本編の2～3倍のページ数になるということも、珍しくありません。その場合、補足資料を別冊の資料にすることもあります。

本編資料：プレゼンテーションに使用するスライド

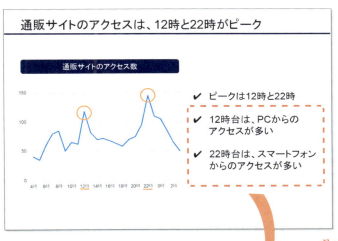

たとえば、左図では、通販サイトのアクセスについて説明しています。12時台はPCからのアクセスが、22時台はスマートフォンからのアクセスが多いため、これらの時間帯はアクセスのピークである、というのがこのページのメッセージです。

補足資料：質問された場合に使用するスライド

補足資料でくわしく！

もしかするとクライアントから、「PCとスマートフォンの具体的な内訳を教えてほしい」と言われるかもしれません。その場合に備えて、内訳が記載されたスライドを補足資料に入れておく、といった具合です。

RULE 43

背景色❶
ベース&アクセントカラーを決める

　プレゼン資料は、色の使い方も大切です。だからといって、悪い例①のように、やたらと色を使うとポイントがわかりにくいですし、逆に悪い例②のように色を少ししか使わないと、これはこれでまとまりが感じられません。

　色を使うときには、**ベースカラー**と**アクセントカラー**を組み合わせます。良い例のプレゼンの場合、ベースカラーを青、アクセントカラーをオレンジとしています。こうすると、**全体的に見やすさもありながら、伝えたいポイント（オレンジ色）がどこか直感的に理解することができます。**

　一般的には、**ベースカラーは企業のカラー（企業ロゴなどに使われている色）を使うことが多く、アクセントカラーは暖色系を使うことが多いです。**

悪い例 ①

たくさん色があると、
ポイントが
わかりにくい

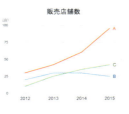

悪い例 ②

ベースカラーがないと、
まとまりがない

＋PLUS 1
折れ線グラフを使う場合にも、アクセントカラーを

　折れ線グラフを使う場合、グラフのどこを見ればいいかよくわからないときがあります。この場合は、読み手に見てほしいポイントをアクセントカラーで強調するとわかりやすくなります。

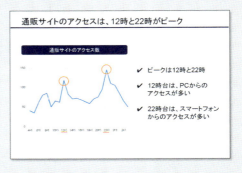

RULE 44
背景色❷
グレー背景色でまとまりを

グレー背景色で、まとまりのある資料に

　背景色でもうひとつ大切なポイントは、グレーをうまく使うことです。**グレーの背景色を使うと、まとまりが出て余計な線を引かなくてすむというメリットがあります。**

　右ページの悪い例①のように枠で囲むと、きゅうくつな印象を与えます。

　一方、悪い例②のように枠がないと、これもまとまりがなくなってしまいます。良い例のように薄いグレーを背景色に使うことで、まとまりのある印象の資料になります。

　大事なのは、とにかくグレーを薄くすることです。

　濃いグレーだとグレー自体が目立ってしまって、その上の数字や見せたいものが伝わらなくなってしまうので注意しましょう。

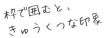

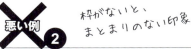

STEP 色を薄くするときに使える「透明度」

背景色を薄くするときには、「透明度」の数値を変更すると便利

（良い例の資料のグレーは、透明度60%）

1 薄くしたい箇所を選択し、右クリック→[図形の書式設定]

2 バーを動かすか、%の数字を設定して、透明度を調整する

RULE 45

フォント❶
サイズは18、24、30！

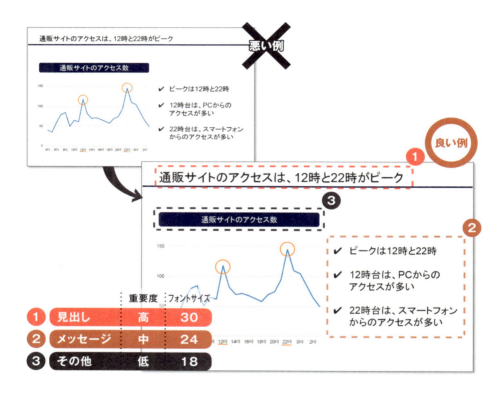

　フォントサイズが大きい文字ほど目につきやすくなります。

　悪い例のように、すべてフォントサイズが同じ場合、メリハリに欠ける印象です。良い例のように**見出しなど重要なところは大きい文字、グラフのタイトルは小さめにすることで、伝えたいメッセージを強調することができます。**

　フォントサイズについては、やはり小さい文字は読みづらいものです。**フォントサイズ18を目安とし、見出しやメッセージなど重要な部分はより大きなフォントサイズ**にしましょう。具体的には良い例を見本にしてください。

+PLUS 1
18ポイント以下にするとどう見える？

資料を作成しているとどうしても、「もう少し文字を小さくして、たくさん書きたい」と思ってしまいがちです。しかし、フォントサイズを18からさらに小さく、12にすると、かなり見にくい印象です。

フォントサイズが12の場合

フォントサイズが18の場合

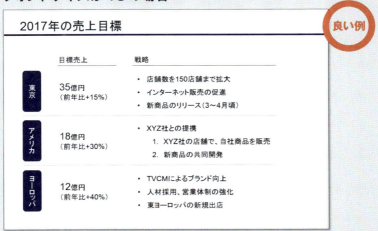

RULE 46
フォント❷
強調数字は1サイズUP

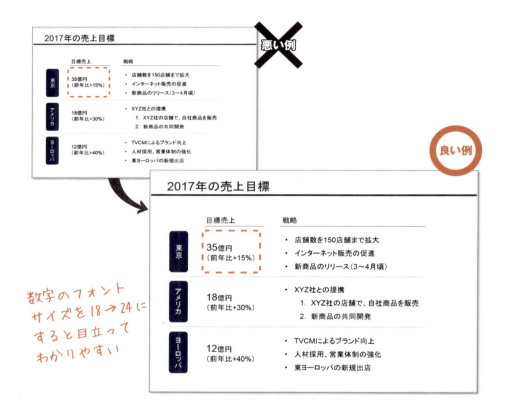

　数字を強調する場合には、1サイズ大きくするとわかりやすくなります。
　悪い例のように、数字「35」と、単位「億円」のフォントサイズが同じだと、どうしても数字が目立たなくなってしまいます。この場合は、数字「35」のフォントを1サイズ大きくしましょう。
　1サイズとは、前項の18、24、30のルールにのっとり、たとえば他の文字のサイズが18のときには、数字のサイズのみ24にするといった具合です。

文章の場合は、下線で強調を

長い文章の場合、強調したい文字のフォントサイズを大きくすると、文章全体が読みにくくなってしまいます。この場合は、下線を使って強調しましょう。

文章のフォントサイズが
バラバラだと見にくい

文章の場合は、
下線で強調

良い例

✚PLUS 1

数字のフォントだけ2ポイント大きくするのが「投資銀行流」

投資銀行の資料には、「英数字を2ポイントだけ大きくする」、というルールがある場合があります。

その理由は、同じフォントサイズの場合、日本語に比べて英数字は少し小さく見えるためです。

②を見ると、英数字のフォントサイズを少し大きくすることで、上部が日本語とそろって見えます。

……とはいえ、これはかなりマニアックなルールですので、あまり気にしなくてよいかと思います。

①日本語、英数字ともに
18ポイント
⇒上部がそろってない

②日本語は18ポイント、
英数字は20ポイント
⇒上部がそろっている

119

RULE 47
フォント❸
数字は色でインパクト

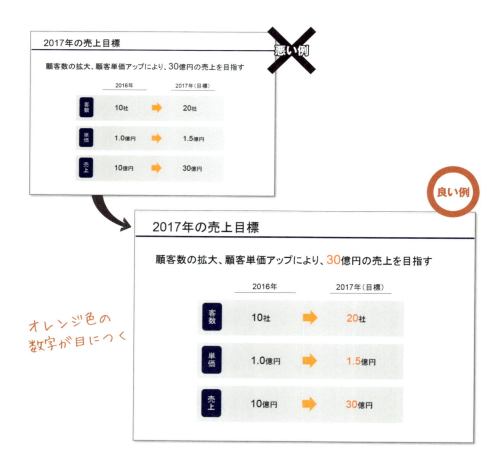

目立たせたい数字については、前項のようにフォントサイズを大きくするのと同時に、さらにフォントの色を変更することも効果的です。

　悪い例の図だと、どの数字を最初に見るべきか少しわかりにくい印象ですが、良い例の図を見ると、オレンジ色の数字がまず目につきますね。

プレゼン資料の右上に「注意喚起」

例① 社外秘

社外に持ち出してはいけない資料の場合、資料の右上に「社外秘」と書くことがあります。このような場合は、赤字で書くと目立つので、注意喚起に効果的です。

例② 担当者名

資料作成途中の場合、誰がどの資料の作成あるいはアップデートをするか、明確にしておくと、作業漏れを減らすことができます。担当者は自分の担当ページの作業が終わったら、右上の赤字を消していくと決めておけば、資料完成時には赤字がなくなるわけですね。

✚ PLUS 1

小さい文字でも見やすくなる、投資銀行流「超」裏ワザ

投資銀行の提案資料は、実は18以下のフォントサイズである場合が多いです。その背景として、膨大なデータを見せながら提案するので、どうしてもフォントサイズを小さくせざるをえないということがあります。ところが、ある投資銀行は、なんと印刷サイズを通常の2倍にすることで、小さいフォントでも見やすくした、ということがありました。私もその巨大な提案書を見たときは驚きました（ページはめくりにくかったですが）。

RULE 48

フォント❹
項目名は、黒文字NG！

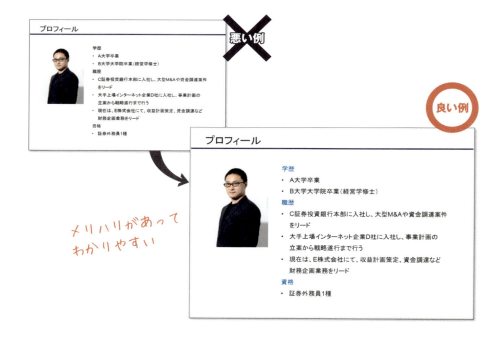

　文章が長く続くとき、色で区分けしないとわかりづらくなる場合があります。上の図は、担当者のプロフィールです。営業資料であれば担当者のプロフィールを、会社概要であれば経営陣のプロフィールを資料に記載することがあります。

　このプロフィールは、学歴・職歴・資格の3項目に分かれていますが、悪い例では、どこからどこまでが職歴なのか、よく見ないとわからないですよね。そこで、**良い例のように、項目名だけ色を変更することによって、メリハリのある資料にすることができます**。ただし、この項目名の色は、アクセントカラーにするほど目立たせるべきポイントではないので（メッセージ性がない）、ベースカラー（今回はブルー）がよいかと思います。

「黒は禁止！」が最近のトレンド

最近では、「黒い文字はすべて禁止」にして、グレー文字を主体にしている企業が増えています。投資銀行業界でも、文字をグレーにしている投資銀行が散見されます。その理由は、黒文字は主張が強すぎて、グレーのほうがすっきりした印象になるためです。

例①は黒文字、例②はグレー文字にしていますが、いかがでしょうか？ たしかに、グレー文字はすっきり見えますね。いずれはグレー文字を導入する企業が増えていくかもしれません。

例①黒文字

プロフィール

学歴
- A大学卒業
- B大学大学院卒業（経営学修士）

職歴
- C証券投資銀行本部に入社し、大型M&Aや資金調達案件をリード
- 大手上場インターネット企業D社に入社し、事業計画の立案から戦略遂行まで行う
- 現在は、E株式会社にて、収益計画策定、資金調達など財務企画業務をリード

資格
- 証券外務員1種

例②グレー文字

プロフィール

学歴
- A大学卒業
- B大学大学院卒業（経営学修士）

職歴
- C証券投資銀行本部に入社し、大型M&Aや資金調達案件をリード
- 大手上場インターネット企業D社に入社し、事業計画の立案から戦略遂行まで行う
- 現在は、E株式会社にて、収益計画策定、資金調達など財務企画業務をリード

資格
- 証券外務員1種

RULE 49

図形❶
矢印プラスで成長アピール

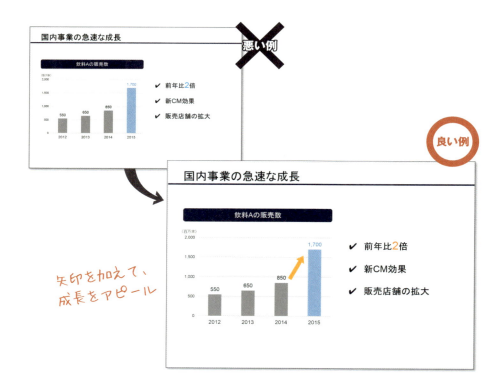

プレゼン資料では、その資料で伝えたいポイントを明確にすることが大切。**強調ポイントを明確にするために、図形を活用すると効果的です。**

よく使う図形の1つ目は、**矢印**です。矢印は、成長をよりアピールする場合に使います。

また、図形は回転させたり大きさを変えたりするのにいちいち時間がかかりますので、次ページで紹介するショートカットキーを覚えてしまいましょう。これでかなり作業スピードが向上するはずです。

STEP オートシェイプ矢印の出し方

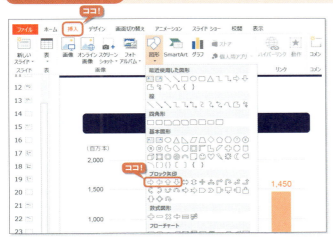

［挿入］タブ→［図形］から矢印を選択（オレンジ枠）。スライド上の任意の場所をクリックすると、矢印が追加される

➕PLUS 1

図形のショートカットキー

　マウスを使って、図形を回転させたり、大きさを変えたりするのは、とてもメンドウと感じる方も多いと思います。図形を修正するときは、ショートカットキーを使うと作業スピードが向上しますので、ぜひ覚えてしまいましょう。

①図形を回転させる

Alt ＋ **→** を押すと、右回りに回転

Alt ＋ **←** を押すと、左回りに回転

②図形の大きさを変える

Shift ＋ **→** or **←** で長さを変更

Shift ＋ **↑** or **↓** で太さを変更

③図形を「少しだけ」移動させる

Ctrl ＋ **↑** or **↓** or **→** or **←**

　図形を選択し、←↑↓→を押すと図形が移動しますが、ときには「ちょっとだけ右に動かしたい」という場合があります。このときは、Ctrl キーを押しながら矢印を押すと、少しだけ図形を移動することができます。

RULE 50

図形❷
見てほしいのは円でぐるり

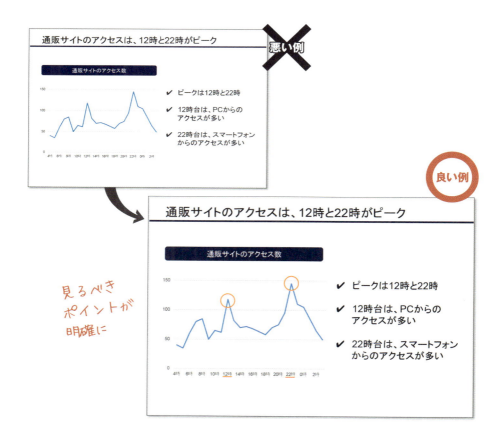

　図形でよく使われるものに、円があります。これは、特に見てほしい点を強調する際に使います。
　たとえば悪い例の折れ線グラフの場合、グラフのどこを見るべきか、わかりにくい印象があります。良い例のように**円で囲むことで、読み手が何を最初に見るべきかわかります**。

円は、規模の大きさを示す際にも使う

悪い例

数字だけだと、
いまいち
金額の大きさが
伝わらない

良い例

円で囲むことで、
金額の大きさが
わかりやすく

数字だけだと、いまひとつ規模の大きさがわからないことがあります。この場合は、金額を円で囲むことによって、大きさを直感で理解することができるようになります。

STEP

円の出し方は、[挿入]タブ→[図形]→[円/楕円]を選択する。スライド上の任意の場所をクリックすると円が追加される

RULE 51

図形❸
図形よりテキストボックス

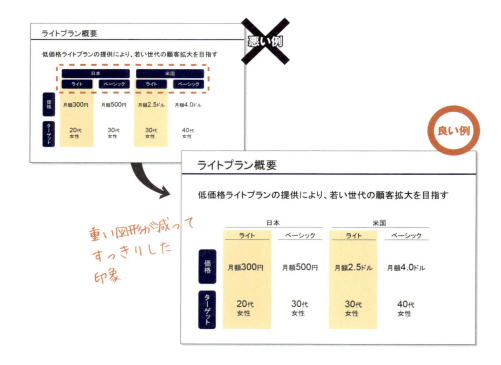

　これまでは図形を使うことで強調ポイントを明確にできるという点を説明しましたが、今回は図形を使う上での注意点です。

　図形を使いすぎることで生じる1つ目のデメリットは、資料作成に時間がかかるという点です。もう一つのデメリットは、図形ばかりあると、資料自体が見にくくなることがある点。

　悪い例のように横軸の項目名をすべて図形にすると、項目名全体が重い印象になります。この場合は、良い例のようにテキスト文字＋線だけで表現すると、だいぶ資料がすっきりします。

STEP 文字テキスト＋線の作り方

テキストボックスと、線を組み合わせて作成

ここで大事なポイントは、2つ。

1 線を水平に引く

　マウスを使って線を引く場合、手がブレてしまい、線を水平に引くのは意外と難しいです。**Shiftキーを押しながら、マウスを使って線を引く**と、水平な線を引くことができます。

2 線の位置をそろえる

　線の位置がずれていると気持ちが悪いものです。しかし、マウスや矢印キーで線を動かしても、一度の動きが大きいため、なかなかそろわないことがあります。
　Ctrlキーを押しながら、矢印キーを押すと、線の位置を少しだけずらすことができ、線をそろえる際に有効です。

RULE 52

図形❹
左右、高さをきっちりそろえる

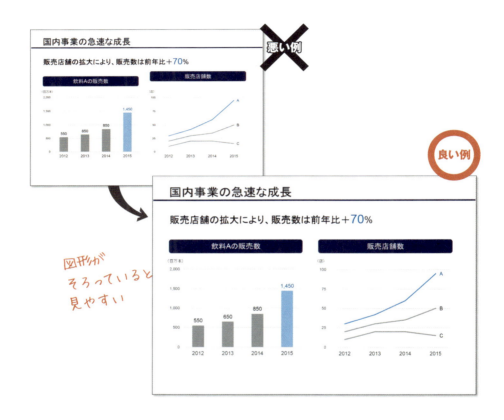

　パワーポイントは、テキスト、表、グラフ、図形など、たくさんのパーツを組み合わせて作成していきます。エクセルの表と違い、これらのパーツはきれいに並んでいない場合もあり、とても見栄えが悪くなります。
　その場合は、「ぞろえ」という機能を使って、図形をきれいに配置しましょう。そろえには、「左ぞろえ」「右ぞろえ」「左右中央ぞろえ」「上ぞろえ」「下ぞろえ」「上下中央ぞろえ」の6種類があります。

STEP 図形の揃え方

① そろえたい2つの図形を選択して、[書式] → [配置] → [下揃え]を選択。
（複数の図形を選択する場合は、Ctrlキーを押しながら、マウスで図形をクリック）

② すると、2つの図形がそろう

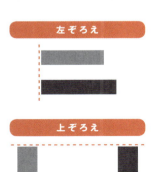

RULE 53
図形❺
並びチェックはグリッド線で

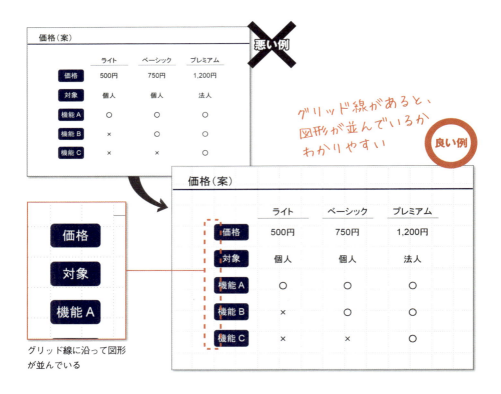

　先ほど図形のそろえ方について説明しましたが、いちいち［書式］タブ→［配置］→［揃え］、という手順を踏むのは面倒と思うことがあります。マウスを使って図形を移動し、きれいにそろえたい方は、グリッド線とガイドの使い方を覚えておくと便利です。

　グリッド線のない悪い例を見ると、これだけでは図形がきちんと並んでいるか判断しづらいのに対して、**良い例のように線があると、図形が並んでいるかどうかわかりやすくなります**。このグリッド線は印刷しても表示されません。

STEP　グリッド線の出し方

［表示］→［グリッド線］にチェックを入れると、グリッド線が表示される

＋PLUS 1

応用編：ガイド

　グリッド線と並んで、もう一つ便利な機能が「ガイド」です。
　グリッド線は、線が固定されていて動かせないのに対して、ガイドは線を移動することができます。ガイドの場所は、グリッド線のすぐ下にあります。

　このように、「ガイド」で縦線を2本並べると、図形の横幅がそろっているかをチェックすることもできますね。

133

RULE 54
図形❻
「配置とサイズ」で統一感

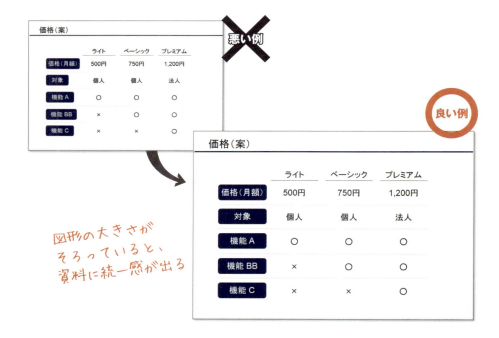

　見やすい資料にするには、それぞれの図形がきれいに並んでいるだけではなく、その図形の大きさがそろっていることも大切です。悪い例のように、図形の大きさがバラバラだと、見た目の印象も良くありません。

　このような場合、良い例のように、**図形の横幅をそろえてしまったほうが、資料に統一感がでて見やすい印象です。**

　図形の大きさをそろえるときには、
（1）一番横幅が大きい図形の横幅を確認する
（2）すべての図形の横幅を、一番大きい図形の横幅に合わせる
という2ステップ。具体的には右ページで説明しましょう。

STEP 図形の大きさのそろえ方

① いちばん横幅の大きい「価格（月額）」の図形を右クリック→［配置とサイズ］をクリック

見ると、横幅は4.8cmとなっている

② すべての図形の横幅を4.8cmに修正する。すべての図形を選択し、右クリック→［配置とサイズ］を再びクリック。幅を、先ほどの4.8cmに設定

③ すべての図形が同じ横幅になる

135

RULE 55

図形❼
図形はきっちり等間隔に

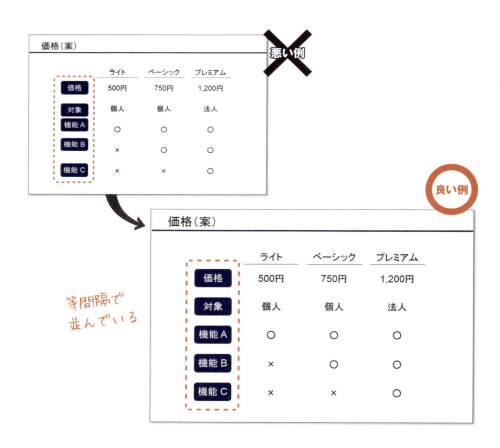

　図形をきれいに並べる際に、「そろえ」と同じくらい大切なものが、「図形の整列」です。
図形の整列とは、複数の図形を等間隔に並べるというものです。
　悪い例のように図形が同じ間隔で並んでいないと、あまり印象は良くありません。良い例のように、図形をきっちり並べましょう。

STEP 図形の整列

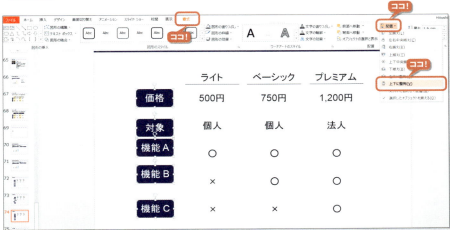

① 整列させたい図形を選択し、[書式] → [配置] → [上下に整列] を選択

② すると、上下に均等に整列できる

RULE 56

文章❶
文章は1行にまとめる

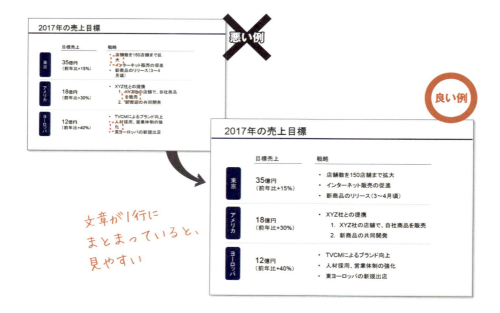

　伝えたいことはなるべくシンプルに。文章が何行もあると、読むのに疲れてしまいますし、いまひとつ伝わりません。**文章はできるだけ1行にまとめましょう。**

　とはいえ、実際に文章を書いてみると複数行になってしまうこともあります。その際どうするか？

　多いのは、フォントサイズを小さくすることですが、これはできるかぎり避けるべきです。フォントサイズがバラバラの文章はとても読みにくく、また、小さいフォントの文章というものも読みにくいものです。1行にまとめる際には、以下の順番で考えます。

①ムダな文字を削る
　　↓
②テキストボックスの横幅を広げる
　　↓
③文字間隔を詰める
　　↓
④フォントサイズを小さくする

　この中でも、意外と知られていないのが、③文字間隔を詰めるという点です。これは、文字の間のスペース幅をせまくすることで、文字数を変えずに1行に収めようとするものです（手順は下を参照）。

STEP　文字間隔の詰め方

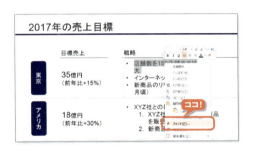

1 文章を選択して、右クリック→[フォント]を選択

2 [文字幅と間隔] タブを選択し、[文字間隔をつめる]

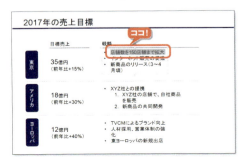

3 横幅を少し縮め、1行に収めることができた

RULE 57

文章❷
言葉の切れ目が改行ポイント

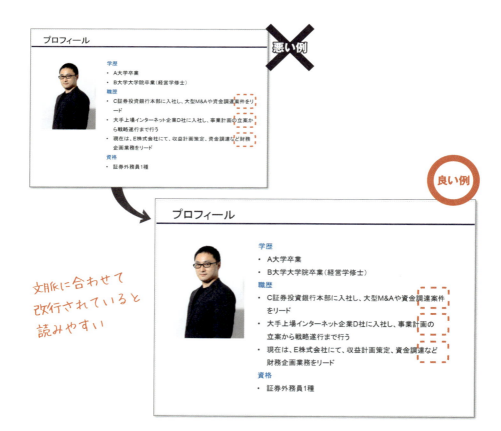

　前項では、文章はできるだけ1行にまとめるという話をしましたが、どうしても複数行になってしまう場合もあります。**複数行の場合は、改行のポイントにこだわりましょう**。悪い例のように、改行時に途中で言葉が切れていると読みにくい印象を受けます。この場合は、良い例のように、**言葉の切れ目に合わせて改行すると読みやすくなります**。

STEP　段落内の改行は、Shift + Enter

学歴
- A大学卒業
- B大学大学院卒業（経営学修士）

職歴
- C証券投資銀行本部に入社し、大型M&Aや資金調達案件をリード
- 大手上場インターネット企業D社に入社し、事業計画の立案から戦略遂行まで行う

① 改行したいポイントを選択し、[Shift] + [Enter] を押す

学歴
- A大学卒業
- B大学大学院卒業（経営学修士）

職歴
- C証券資銀行本部に入社し、大型M&Aや資金調達案件をリード
- 大手上場インターネット企業D社に入社し、事業計画の立案から戦略遂行まで行う

② 改行できた

RULE 58

文章❸
日本語なら縦書き活用

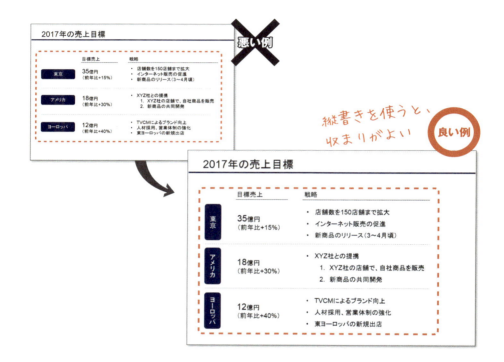

　日本語の資料の良いところの一つが、縦書きを使うことができることです。悪い例のように縦書きを使わないと、表全体が横長に見えてしまうことがあり、少しバランスが崩れてしまいます。特に項目名（今回の場合、東京、アメリカ、ヨーロッパ）の文字数が長いと、横に間延びしてしまいます。
　一方、良い例のように**縦書きを使うと、表全体の横幅が縮まり、だいぶ見やすくなりますね。**
　ただし、長い文章は縦書きに向かないので、あくまで項目名などにとどめておきましょう。

STEP 縦書きの文章を挿入するには

① 図形を右クリック→[テキストの編集]を選択し、テキストを入力する

② 文字入力後、右クリック→[図形の書式設定]を選択

③ [文字のオプション]→[テキストボックス]で、垂直方向の配置を[中心]に、文字列の方向を[縦書き]を選択

④ 完成

143

RULE 59

文章❹
見やすい行間は、1.5行

資料の見やすさというものは、フォントやサイズも大切ですが、実は余白の使い方が大切です。

　テキスト、特に長い文章の場合、行間が詰まっていると見にくい印象があります。この場合は、行間を広げましょう。

　悪い例のように、行間は通常、1行に設定されています。良い例（オレンジ枠）は、行間を「1.5行」に広げています。

　また、図の目標売上（緑枠部分）のように、短い文章の場合は、行間を1行のままにしておいて問題ありません。

STEP 行間の修正方法

① 文章部分を選択後、[ホーム]タブ→[段落]にある右下矢印部分(オレンジ枠)をクリック

② 行間を1.5行に設定して、[OK]ボタンをクリック

③ すると、文章の行間が広がる

RULE 60

文章❺
グレー線で文章を区切る

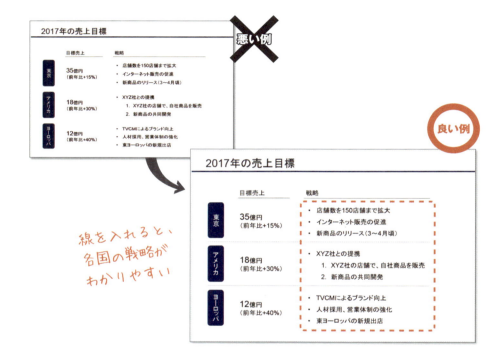

　文章が続く資料の場合、しっかり区切らないとまとまりがない印象になってしまいます。

　悪い例を見ると、「戦略」の部分が縦にだらだら続いているように見えてしまい、どこからどこまでがアメリカの戦略の話をしているのか、よくわかりません。

　このような場合には、**薄いグレーの線を引くだけで、まとまりのある印象になります**。この線は薄いグレーで十分です。また、**線の太さは0.75**にしています。

✛PLUS 1

グレーの線の引きすぎや太すぎに注意

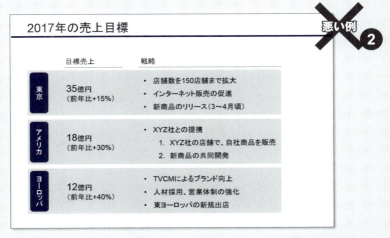

　線を薄いグレーにしている理由は、このような区切り線を目立たせると、資料全体が重く見えてしまうということです。上の図では、区切り線を黒、そして少し太めにしています。これだけでスッキリした印象がなくなってしまいます。

　また、背景色で区切る場合はどうなるかというと、背景に色がつくことで長い文章が読みにくくなってしまいます。こちらも注意が必要です。

RULE 61

文章❻
注意書きは、ひっそりと

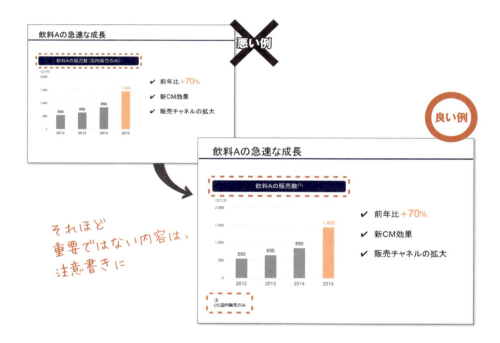

　長い文章は、どうしても読みにくいものです。だからといって、文章を削ると、読み手に誤解を与えてしまう……。こういうときは注意書きを活用しましょう。

　悪い例の図を見ると、グラフのタイトルが少し長い印象を受けます。「国内販売のみ」という説明がそれほど重要ではない、たとえば、そもそも海外での販売は極めて少ないといった場合には、注意書きにまわしてしまいます。もちろん「国内販売のみ」を削除してもいいかもしれませんが、そうすると読み手に誤解を与える可能性もあります。**プレゼンで数字を扱う場合には、その数字の根拠や定義をしっかり説明する必要があるので、安易に説明を削除するのは危険です。**

STEP 注意書きの番号の付け方

1 注を付けたり文字の後ろに番号を入力したりする。入力した番号を選択し、右クリック→[フォント]をクリック

2 「上付き」にチェックを入れて、[OK]をクリック

3 これで完成

RULE 62

エクセル挿入❶
グラフは「画像」貼り付け

エクセルで作成した表やグラフをそのままパワーポイントに貼り付けてしまうと、次のような問題が生じます。

1. フォーマットが崩れてしまう

エクセルの表やグラフをそのままパワーポイントに貼り付けると、エクセルのフォントや色が変わってしまう場合があります。画像で貼り付けると、見た目のとおりのエクセル表、グラフをパワーポイントに貼り付けられます。

2. スライド上で数字や文字を編集できてしまう

単純にパワーポイントに貼り付けた表は、パワーポイント上で数字や文字を編集することができます。「それのどこが問題？」と思うかもしれませんが、実はこれがトラブルを起こす可能性があります。

たとえば、プレゼン本番まで時間がないからとパワーポイントにそのまま貼り付けたエクセルの表の数字を直接変えたとします。そのときは問題なくプレゼンを乗り切ったものの、後日、そのプレゼン相手から「このパワーポイントの数字の根拠を教えてほしい」と聞かれると、その数字の計算根拠がわからず、困ったことになります。

このようなトラブルを避けるには、計算はあくまでエクセル上で完結すること。これが大切です。そしてパワーポイントはあくまで「エクセルの表・グラフを貼り付けるだけ」にとどめます。このような役割分担をするために、エクセルの表・グラフを画像としてパワーポイントに貼り付け、パワーポイント上で数字の編集ができないようにしましょう。

STEP エクセルを画像として貼り付ける方法

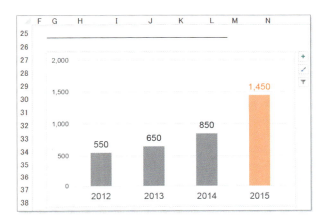

① エクセルのグラフを選択し、コピー

② パワーポイントに移り、[ホーム]タブ→[形式を選択して貼り付け]。[ホーム]タブの代わりに右クリックでもOK

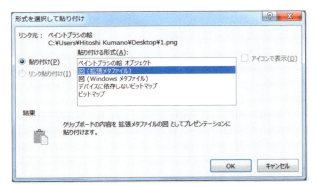

③ [図(拡張メタファイル)]を選択して[OK]をクリック

RULE 63

エクセル挿入❷
画像の縦横比はキープ

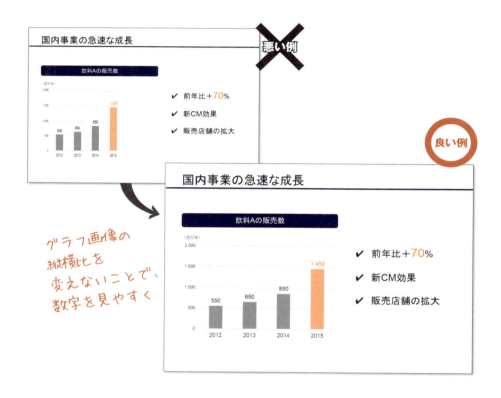

　エクセルの表やグラフをパワーポイントに貼り付ける際、適正サイズに修正することがあります。

　このときに気をつけるべきポイントとして、「縦横比を変えない」という点が挙げられます。

　悪い例のように、横幅だけ縮めてしまうと、グラフが横につぶれたようになり、数字も見にくくなります。

　良い例のように、縦横比を維持しながら拡大・縮小しましょう。

STEP 縦横比を変更せずに、画像サイズを変更する方法

1 画像を選択し、右クリック→図の[書式設定]

2 [サイズ]をクリック→[縦横比を固定する]にチェックを入れる

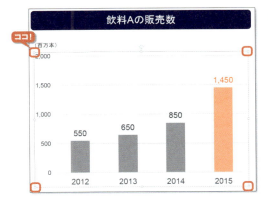

3 画像の隅を使って拡大・縮小すると、縦横比を維持したまま拡大・縮小することができる

RULE 64
画像を使って印象度UP

悪い例

弊社オフィス

東京オフィス
- 150名収容
- 渋谷駅から徒歩5分

ニューヨークオフィス
- 50名収容
- タイムズスクエアから徒歩2分

良い例

画像の説明がわかりやすい

弊社オフィス

東京オフィス
- 150名（最大）
- 渋谷駅から徒歩5分

ニューヨークオフィス
- 50名（最大）
- タイムズスクエアから徒歩2分

資料作成において、文章ばかりだとなかなか伝わりにくく、**画像を使うことで印象的な資料を作成することができます。画像を挿入する際に気をつけたいポイントは、画像と説明文をできるだけ近づけることです。**

　上の図ではオフィスについて説明していますが、悪い例のように画像を下に並べてしまうと、どちらの画像が東京オフィスかわかりにくくなります。良い例のように、画像の右に説明文を加えることで、理解しやすくなります。

　また、画像の幅がズレていると見にくいので、ここでは画像の幅をそろえる「トリミング」機能を紹介します。

STEP　画像の幅をそろえるには「トリミング」

① 上の画像に比べて、下の画像が横長になってしまっている

② 下の画像を右クリック→[図の書式設定]

③ 幅を調整する

④ すると、2つの画像の横幅がそろう

RULE 65
Tabキー1つで文字を整列！

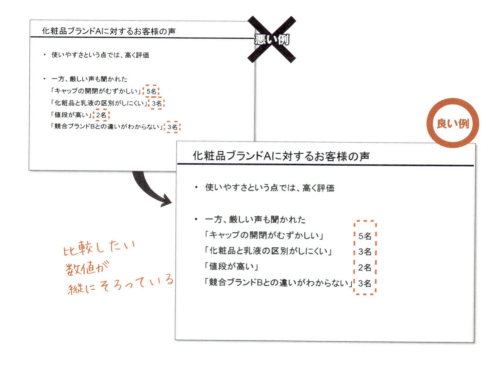

図形に限らず、文章を書いているときも「そろえ」というのは重要です。

　悪い例のように、比べたい文字の位置がバラバラだと見づらいですよね。この場合は、良い例のように並べると見やすくなります。

　やりがちなのは、スペースキーを連打して位置を調整すること。これではなかなかきれいにそろいません。

　ではどうやって文字を並べたらいいのでしょうか？

　この場合は、**Tabキーを押すことで、簡単に調整することができます。**

STEP 文字位置の調整

化粧品ブランドAに対するお客様の声

- 使いやすさという点では、高く評価

- 一方、厳しい声も聞かれた
  「キャップの開閉がむずかしい」 5名
  「化粧品と乳液の区別がしにくい」 3名
  「値段が高い」 2名
  「競合ブランドBとの違いがわからない」 3名

① 位置を修正したい文字の左側にカーソルを合わせ、Tabキーを押す

▼

化粧品ブランドAに対するお客様の声

- 使いやすさという点では、高く評価

- 一方、厳しい声も聞かれた
  「キャップの開閉がむずかしい」 　5名
  「化粧品と乳液の区別がしにくい」 3名
  「値段が高い」 2名
  「競合ブランドBとの違いがわからない」 3名

② 右に移動する

▼

化粧品ブランドAに対するお客様の声

- 使いやすさという点では、高く評価

- 一方、厳しい声も聞かれた
  「キャップの開閉がむずかしい」　　5名
  「化粧品と乳液の区別がしにくい」　3名
  「値段が高い」　　　　　　　　　　2名
  「競合ブランドBとの違いがわからない」 3名

③ Tabキーの作業を繰り返すと、完成

RULE 66
ロゴを使ってキャッチーに

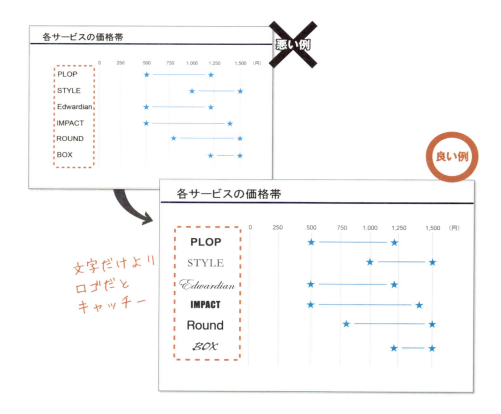

　悪い例の図のように、文字が多い資料というのは、なかなか読む気になりません。

　文字をできるだけ少なくする手段として、**会社名やサービス名にロゴを使うと、目を引く資料になり、キャッチーな印象を与えます**。

　良い例の図は、サービス名をロゴに入れ替えたものです。これは、ロゴ画像を挿入して作成しています。

優先度、重要度を★で示す

悪い例

マーケティング施策の優先順位

	施策	優先順位
店舗	・東京・銀座エリアへの出店	高
	・大阪エリアへの出店	中
	・既存店舗のリニューアル	低〜中
ウェブ	・スマートフォンサイトの開発	中〜高
	・PCサイトのリニューアル	低〜中
	・インターネット広告の開始	低

文字で
書いてあると
度合いが
わかりにくい

良い例

マーケティング施策の優先順位

	施策	優先順位
店舗	・東京・銀座エリアへの出店	★★★★★
	・大阪エリアへの出店	★★★
	・既存店舗のリニューアル	★★
ウェブ	・スマートフォンサイトの開発	★★★★
	・PCサイトのリニューアル	★★
	・インターネット広告の開始	★

★マークで
優先度が明解に

　文字を記号に置き換えるというのも有効です。
　たとえば優先順位を示す際、高・中・低と文字で示すよりも、上の良い例のように★で示すと、どれが重要か一目でわかるようになります。
　この★の入力方法は、単純にテキストで「ほし」と書いて、「★」に変換するだけ。カンタンですね。

本書で使っているエクセル、パワーポイントのファイル（一部）はダウンロードできます！

エクセルセミナー .jp
http://excel-seminar.jp/

応用編

資料作りの
スピードアップ
テクニック9

TECHNIQUE 1

ショートカット❶
Altキーで図形をそろえる

　パワーポイント資料作成において、一番時間がかかる作業が、図形を「そろえる」「整列する」という作業です。この作業時間を短縮するためのショートカットキーを覚えておくと便利です。

　ショートカットキーの種類はたくさんありますが、覚えて使えなければ意味がありません。本当に必要なものだけを紹介しますね。

　今回は、[Alt]キーを使ったショートカットキーです。[Alt]キーとは、キーボード左下にあるキーです。

STEP　Altのショートカットの見つけ方

1 まず、そろえたい図形を選択し、[Alt]キーを押す

2 すると、画面上部のリボンの[ホーム][挿入]などのタブのところに、[H][N]といった英数字が表示される。この英数字は、そのタブを開くために押すキーを表している。一番右にある[書式]タブに[JD]と書いてあるので、ここでキーボードの[J]、[D]を続けて押す

③ すると、今度は書式タブの各項目にアルファベットや数字が表示される。[配置] ボタンにAAと表示されているため、ここでA、Aと2回続けて押す

④ そして、この中から[揃え][整列]のアルファベットを選んで押せば完了

⑤ このケースだと、[下揃え]になるので、Bを押す

今回のケースだと、
Alt → J → D → A → A → B
と、順番に押すと、マウスを使わずに図形をそろえることができる。少し面倒ではあるが、慣れればマウスを使うよりもスピーディに作業を行える

このように[Alt]キーを押すと、目的の操作を行うためにどのキーを押せばよいか、ヒントが順に表示されるわけです。これを「キーヒント」と呼びますが、これが表示されるのが[Alt]キーの良いところです。

[Ctrl]キーと違って、キーの組み合わせを覚えていなくても大丈夫です。[Alt]を押して、次に[J]、[D]を押し、表示された英数字を見て目的のキーを押せばよいのですから。そうやって使っていくうちに、どのキーを押せばどの操作ができるか、自然に覚えてしまいます。無理に暗記する必要はありません。

POINT

[Alt]キーのショートカットキーの中でも、特に使うのが以下のものです。

■ そろえ
左右中央にそろえる　Alt → J → D → A → A → C（**C**enterと覚える）
上下中央にそろえる　Alt → J → D → A → A → M（**M**idと覚える）

■ 整列
左右に均等に並べる　Alt → J → D → A → A → H（**H**orizontalと覚える）
上下に均等に並べる　Alt → J → D → A → A → V（**V**erticalと覚える）

TECHNIQUE 2

ショートカット❷
繰り返し作業はF4で

次に、よく使うショートカットキーは［F4］キーです。［F4］は、同じ操作を繰り返すときに使うキーです。たとえば、左の表を整える場合、4回も「左右中央ぞろえ」を行う必要があります。

同じ作業を4回……。ちょっと面倒ですよね。

そんなめんどくさがり屋さんに便利な、［F4］キーの使いこなしを教えます。これなら簡単に同じ作業ができてしまいます。

STEP　F4キーを使って表をきれいに整える

❶ まずは、一番左の項目を［左右中央ぞろえ］にする
→ショートカットキー
Alt →J →D→ A →A →C

価格（案）

	ライト	ベーシック	プレミアム
価格	500円	750円	1,200円
対象	個人	個人	法人
機能A	○	○	○
機能B	×	○	○
機能C	×	×	○

❷ 次に、左から2つ目のグループを選択する

価格（案）

	ライト	ベーシック	プレミアム
価格	500円	750円	1,200円
対象	個人	個人	法人
機能A	○	○	○
機能B	×	○	○
機能C	×	×	○

❸ ここで、繰り返しのショートカットキー [F4] キーを押す。すると、一発で左右中央にそろえることができる

価格（案）

	ライト	ベーシック	プレミアム
価格	500円	750円	1,200円
対象	個人	個人	法人
機能A	○	○	○
機能B	×	○	○
機能C	×	×	○

❹ こうして [F4] キーを繰り返し押すと、完成だ。[F4] キーの使い方をマスターして、スピードアップしよう！

TECHNIQUE 3
書式コピーは「はけ」マークで

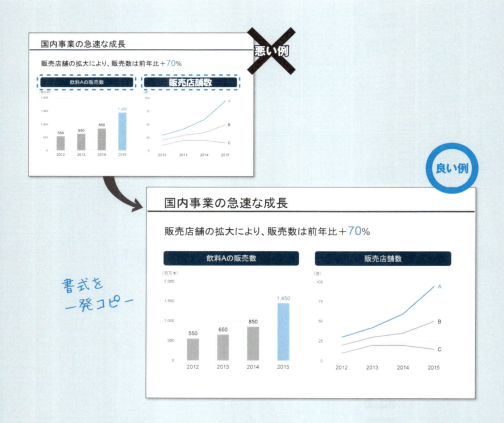

　悪い例の図は、左右のグラフのタイトルの書式(フォントおよび文字サイズ)が大きく異なっています。
　この場合、右のグラフのタイトルの書式を、左のグラフに合わせたいのですが、「えーと、まずフォントサイズを18にして、次にフォントをMS Pゴシックにして……」とやっていると手間ですよね。
　この場合、**一発で書式をコピーする方法がありますので、ご紹介します。**

STEP 書式コピーの手順

① 正しい書式（左グラフのタイトル）を選択し、右クリック→「はけ」マークをクリック

② 次に、修正したい書式（右グラフのタイトル）を、マウスで選択する

③ すると、書式がコピーされる。こうすると、カンタンに書式を整えることができる

POINT　覚えておきたい書式コピーのショートカットキー

　慣れてくると、この書式コピーをキーボードのショートカットキーで行うこともできます。

Shift ＋ **Ctrl** ＋ **C** でコピーし、そのあと、**Shift** ＋ **Ctrl** ＋ **V**

で貼り付ける、という流れになります。
通常のコピペとは、Shiftを同時に押すところが異なります。

TECHNIQUE 4
細かい修正は画面ズーム

パワーポイントの資料を修正する際には、できるだけ画面を拡大したほうが、細かい図形のズレに気がつきやすく、修正しやすいです。

画面の拡大は、マウスを使うと手早く行えます。マウスには、たいてい図のように、左右のボタンの中央にホイールがあります。表示の拡大・縮小には［Ctrl］キーとこのホイールを使います。

［Ctrl］キーを押しながらホイールを向こうに回転させると拡大表示になり、

［Ctrl］キーを押しながらホイールを手前に回転させると縮小表示になります。

Ctrl ＋ マウスホイール で拡大・縮小

最近は、マウスを使わずにノートPCを使っている方も多いです。

マウスがない場合には、ノートPCのタッチパッドを、2本指で広げると拡大、縮めると縮小することができます。スマートフォンの拡大・縮小と同じですね。（PCの機種にもよりますのでご注意ください）。

TECHNIQUE 5

表記の統一は「置換」で一発

　たとえば、今年のチームの売上について、30ページにおよぶ資料にまとめたとします。
　上司に資料を見せたときに、
「『売り上げ』と『売上』の2つの表記が交ざっているから見にくい。すべて『売上』に統一してください」
　なんて言われてしまい、資料の全ページに目を通して「売り上げ」を探し、「売上」に修正したりしていては時間がかかってしまいます。
　この場合は、「置換」機能を使うことで、スピーディに修正できます。
　置換の機能は、ショートカットキー（次ページ）を覚えてしまいましょう。

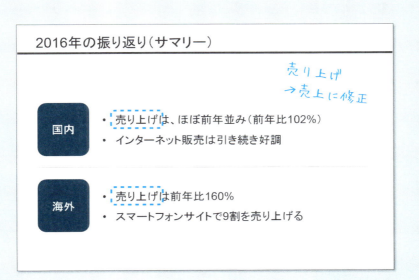

TECHNIQUE 5 表記の統一は「置換」で一発

STEP 簡単にできる用語の統一

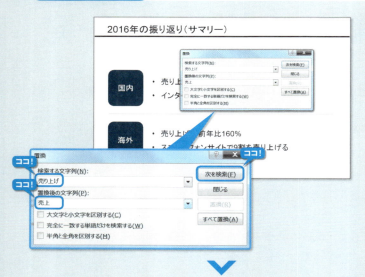

1 [Ctrl] + [H] で [置換] を出します。
[**検索する文字列**] には [**売り上げ**]
[**置換後の文字列**] には [**売上**] と入力して、[次を検索] をクリック

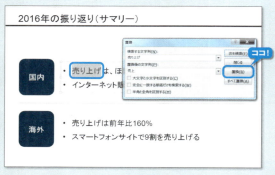

2 すると、[売り上げ] という部分が選択されるので、ここで [置換] をクリック。
すると、「売り上げ」が「売上」に修正された

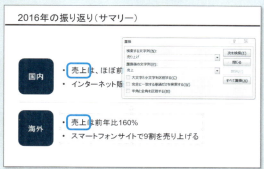

3 もう一度 [置換] をクリックすると、左の図のように、順番に「売上」と修正されていく

＋PLUS 1

やってはいけない「すべて置換」

　置換機能の一つに、「すべて置換」という機能があります。これは、資料内のすべての「売り上げ」を「売上」に変換してくれるという機能です。それだけ聞くと便利な機能と思われがちですが、この機能はオススメしません。

　たとえば、「売り上げ」を「売上」にすべて置換してしまうと、下の例のように「売り上げる」という言葉が、「売上る」という誤った表記に修正されてしまうからです。このようなミスがないよう、置換は丁寧に1つずつ確認しながら行うことをオススメします。

COLUMN

「すべて置換」で大失敗した上司

　もう10年以上前の話です。当時、「UFJつばさ証券」という企業がありまして、当時の私の上司が、この企業にプレゼンを行いました。そのあと、この上司は同じ提案を「みずほ証券」に持っていこうと思い、「すべて置換」でUFJをみずほに変換しました。

　そして、上司はタクシー移動中に、その資料の中の表記がすべて「みずほつばさ証券」になってしまったことに気がつき、タクシーの中で「みずほつばさ証券」と書かれたページをすべて破って、プレゼンに臨んだそうです。

　先方に見せる前に気がついてよかったですね。

TECHNIQUE 6

下準備❶
下準備はホワイトボード

　パワーポイント資料は、作成に時間がかかるものです。
　パワーポイントに取りかかる前に、その資料のドラフトを作成することをオススメします。

　では、ドラフトはどのように作成するか？
　いちばん多いケースは紙とペンでドラフトを作成する、というものですが、この場合、インクを消すのが難しくなります。そのたびに書き直し……というのは面倒です。
　そこで私は、オフィスにあるホワイトボードでドラフトを書いています。

　ホワイトボードドラフトのメリットは、
①簡単に修正できる
②広々として線のないスペースに自由に書ける
③複数の色（ペン）を使える
ことです。
　そして、最近はスマートフォンの普及により、作成したドラフトをスマートフォンで撮り、その画像ファイルをPCで見ながらパワーポイントで清書することもできます。
　ただし、仕事の内容を写真に撮ると企業の機密情報の漏えいにつながる可能性があります。撮影して画像ファイルを会社のPCに移したら、すぐにスマートフォンから画像を削除するなど注意が必要です。

TECHNIQUE 7
修正書き込みは、A3印刷で

　部下から「プレゼン資料の確認をお願いします」と、印刷されたパワーポイントを手渡されます。

　手書きでコメントをしていくと、だんだんコメントするスペースがなくなってしまう……なんてことがよくあります。コメントを手渡された部下も、「このコメントは、どの部分を修正すればよいかわからない」と困ってしまうと、両者にとってストレスがたまります。

　こういうときは、A4サイズのプレゼン資料を、A3で印刷すると、コメントが書きやすくなります。

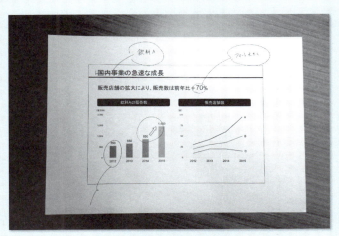

A4サイズの原稿をA3印刷する場合は、印刷画面で
① 「出力用紙サイズ」をA3に指定
② 「原稿サイズ」はA4のまま
③ 倍率を100％に指定
④ 「プリント位置」をセンター　　にすると、上記のように印刷できます
（プリンターの種類によって方法が異なる場合があります。ご注意ください）

TECHNIQUE 8
プレゼン配布資料は、2スライドを1枚に

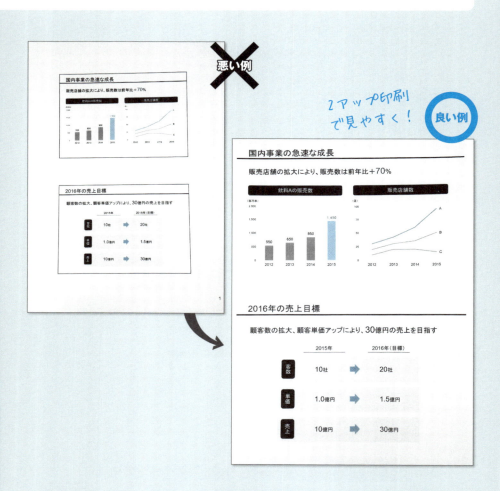

　ページ数が多いパワーポイントの資料を印刷すると、コストがかかってしまいます。その場合、1枚に2ページを印刷することがありますが、悪い例のように「配布資料→2スライド」で印刷すると、どうしても資料が小さく、見にくくなってしまいます。

こういうときは、良い例のように2アップ印刷をすることで、大きく見やすい資料にできます。

STEP 2アップ印刷の方法

① 印刷画面の［プリンターのプロパティ］をクリックする

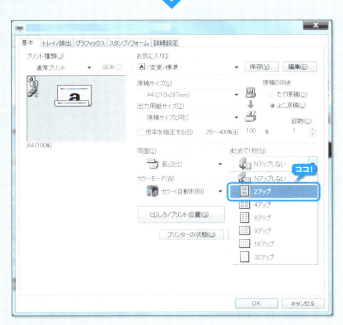

② ［まとめて1枚］から、［2アップ］を選んで［OK］を押せば設定は完了。［印刷］ボタンをクリックして印刷する
（プリンターによってプロパティの画面が異なるので要注意）

TECHNIQUE 9
データの参照元フォルダは常に記載

　パワーポイントにエクセルのグラフ・表を貼り付けると、その元データのありかがわからなくなります。

　いちいちデータを探すのは不便ですので、元データ保存先を、パワーポイントの枠外にメモしておくとよいでしょう。

　また、元データ保存先にハイパーリンクを設定し、1クリックで元データ保存先に移動することもできます。

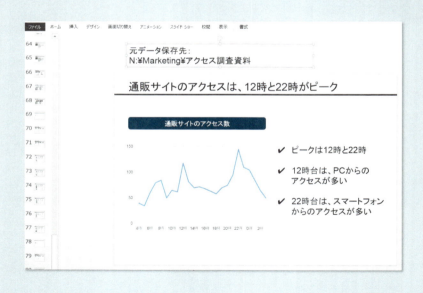

STEP ハイパーリンクの設定方法

① ここでは元データ保存先のフォルダ名を選択し、右クリック→ [ハイパーリンク] を選択

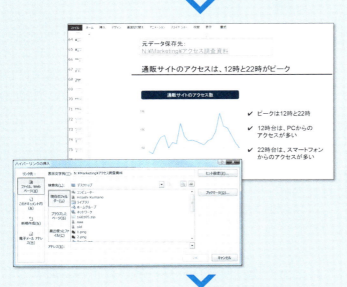

② リンク先のフォルダを選択し、[OK] をクリック

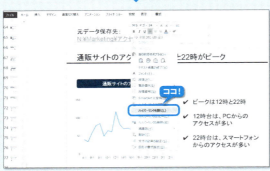

③ 元データの保存先に移動する場合には、リンクを右クリック→ [ハイパーリンクを開く] を選んで [OK] を押せば完了

応用編　資料作りのスピードアップテクニック9

本書で使っているエクセル、パワーポイントのファイル（一部）はダウンロードできます！

エクセルセミナー .jp
http://excel-seminar.jp/

CONCLUSION
おわりに

　最後に、本書の執筆にご協力いただいたみなさまに、この場を借りて謝意を述べさせていただきます。

　まず、私がこの本を執筆できたのは、なんといっても私が新卒から長年お世話になりましたモルガン・スタンレーのおかげです。厳しくも温かい上司とチームメンバーに恵まれ、資料作成スキルを向上することができました。投資銀行におけるアナリスト（いわゆる下っ端）の業務は過酷で、プレゼンの前日の深夜2時に、誰も気づかない小さなフォントのミスを指摘されると、私もさすがにアタマにきたものです。しかし、投資銀行の「細部に神は宿る」「プレゼン直前ギリギリまで資料のクオリティを上げる」という姿勢を叩き込まれたのは、とても良い経験でした。

　そして、この出版までの道のりを大変サポートいただきました、PRESIDENT WOMAN編集部の岩辺みどり様に御礼申し上げます。

　PRESIDENTというビジネス雑誌をみなさん読んだことがあるかと思いますが、私はこのPRESIDENTの資料作成特集に寄稿してきました。最初に寄稿したのは2014年10月。それから1年半にわたり、PRESIDENT編集部と私は資料作成スキルについて研究を重ね、特集を組み、読者からのフィードバックを元に改善を繰り返しました。その集大成をまとめたものが本書になります。

　この書籍は、投資銀行の資料作成ノウハウと、PRESIDENTの編集ノウハウがうまく結びついた作品といえます。資料作成の本というのは、見せ方によってはとても退屈で見にくいものになりがちです。本書では、それぞれのルール

を見開き2ページにまとめています。ルールによって文章のボリュームや画像の数も異なるのに、それを毎回2ページに収めることができたのは、当時PRESIDENT編集部だった岩辺様が1つ1つ丁寧にレイアウトを組んだご尽力によるものです。また、グラフやパワーポイント資料も使っていますが、フルカラーの書籍にすると、書籍の価格も高騰してしまいます。この問題を解決するために、カラーと2色とに、ページ割を上手く工夫しています。ぜひ、このような本書のデザインにも注目してください。投資銀行とはまた少し違った「見やすい資料への強いこだわり」が感じられると思います。

これまで私のセミナーや研修にご参加いただきましたみなさまに御礼申し上げます。前著『外資系投資銀行のエクセル仕事術』出版以降、セミナー参加者数も急増し、みなさまからいただいた感想、意見のおかげで、たくさんの気づきを得ることができ、このたび66の資料作成ルールにまとめることができました。

セミナーに多数ご参加いただきましたグロービス経営大学院のみなさま、また、セミナー開催当初からサポートいただいた山中礼二先生に御礼申し上げます。さらに、東京のみならず、大阪・名古屋・福岡・仙台・札幌・鹿児島・熊本・シンガポール・台北での研修セミナーにご参加いただいたみなさま、ありがとうございました。地方や海外で開催するたびに、この資料作成ノウハウをもっと広げていきたいと気持ちがたかぶります。また、セミナーを様々な面でサポート頂いているストリートアカデミー株式会社様にも御礼申し上げます。

また、具体的な社名は控えますが、これまで研修や資料作成コンサルティングの依頼を頂きました企業様すべてに御礼申し上げます。業務効率化の取り組みの一環として、社内の資料作成ルール化に取り組まれている企業が増えています。微力ではありますが、そのような企業を少しでもサポートできれば幸甚です。

そして最後に、この書籍を読んでいただいたみなさまに御礼申し上げます。私は、見やすくて伝わる資料が増えれば、仕事の効率が向上し、より良い社会になると信じています。ぜひ資料作成のルール化、一緒に進めていきましょう！

熊野 整

■本書のエクセル、パワーポイント（一部）をダウンロードできます

「資料作成ルールは分かったが、この資料を一から作るのは大変……」という方にご案内です。

本書でご紹介しましたエクセルの表、グラフ、そしてパワーポイントのファイルは、著者のウェブサイト「エクセルセミナー.jp」よりダウンロードできます。ぜひご活用ください。

エクセルセミナー.jp
http://excel-seminar.jp/

また、著者によるセミナーのご案内、企業研修の依頼も当サイトより受け付けております。お気軽にお問い合わせください。

熊野 整
くまの・ひとし

ボストン大学卒業後、
モルガン・スタンレー証券投資銀行本部に入社し、
大型M&Aや資金調達プロジェクトをリード。
退社後はグロービス経営大学院にてMBAを取得。
その後、エムスリー株式会社に入社し、
事業責任者として事業計画の立案から戦略遂行までを行う。
現在はスマートニュース株式会社にて、
財務企画として収益計画の策定や資金調達を担当。
「グローバル投資銀行のエクセルスキルを、分かりやすく伝えたい」
というモットーの下、
2013年10月から週末や平日夜に個人向けエクセルセミナーを開催し、
いまや年間3000人以上が受講する大人気セミナーとなっている。
企業研修も数多く開催し、
多くのビジネスパーソンに収益計画の作成指導を行っている。
初著『外資系投資銀行のエクセル仕事術』(ダイヤモンド社) は、
エクセルブームの火付け役にもなりヒットを記録した。

セミナー開催スケジュール、企業研修の問い合わせは以下：
エクセルセミナー .jp
http://excel-seminar.jp/

外資系投資銀行の
資料作成ルール66

2016年4月5日　第1刷発行

著者	熊野　整
発行者	長坂嘉昭
発行所	株式会社プレジデント社
	〒102-8641 東京都千代田区平河町2-16-1
	平河町森タワー13階
	編集 (03) 3237-3737　販売 (03) 3237-3731
	http://www.president.co.jp
装幀・本文レイアウト	平田デザイン事務所
イラスト	おおの麻里
編集協力	鈴木　工
校正	株式会社聚珍社
編集	岩辺みどり
制作	田原英明
印刷・製本	大日本印刷株式会社

2016 Hitoshi Kumano
ISBN 978-4-8334-5089-8
Printed in Japan
落丁・乱丁本はお取り替えいたします。